Lynda Field

Aktiv-Programm Selbstbewußtsein

Lynda Field

Aktiv-Programm Selbstbewußtsein

Trainieren Sie Ihr Selbstwertgefühl

Fragebögen
Übungen
Checklisten
Beispiele

MiDenA

Die Autorin: Lynda Field ist Sozialpsychologin. In ihrer psycho-
therapeutischen Arbeit konzentriert sie sich auf Gruppentraining
und Persönlichkeitsentwicklung. Sie ist Autorin des Bestsellers
»Self-Esteem for Women«, der demnächst in deutscher Übersetzung bei Midena erscheint.

Die englische Originalausgabe erschien 1995 unter dem Titel
The Self Esteem Workbook bei Element Books Ltd., Shaftsbury,
Dorset, England; Rockport, Massachusetts, USA; Brisbane,
Queensland, Australien

Die Deutsche Bibliothek – CIP-Einheitsaufnahme

Field, Lynda:
Aktiv-Programm Selbstbewußtsein : trainieren Sie Ihr Selbst-
wertgefühl ; Fragebögen, Übungen, Checklisten, Beispiele /
Lynda Field. [Übers. aus dem Engl. von Hubert Roth]. –
Augsburg : Midena, 1998
    Einheitssacht.: The self esteem workbook <dt.>
    ISBN 3-310-00402-3

Übersetzung aus dem Englischen von Hubert Roth

Midena Verlag Augsburg 1998
© Weltbild Verlag GmbH, Augsburg
Umschlaggestaltung: Steinkämper und Lohmann, Igling
Umschlagfoto: ZEFA/K+H Benser
Layout: Marion Kraus, Augsburg
Fotos: Bavaria Bildagentur: S. 11, 14, 34, 39, 48, 79, 100, 123, 136;
    IFA Bilderteam: S. 17, 26, 31, 58, 70, 89;
    Image Bank: S. 115
Satz: Gesetzt aus der LinoLetter von Marion Kraus, Augsburg
Reproduktion: Mayr Reprotechnik GmbH, Donauwörth
Druck und Bindung: Druckerei Appl, Wemding
ISBN 3-310-00402-3

Printed in Germany

Für Richard

Dank

Die Anregungen zu diesem Buch habe ich aus vielen verschiedenen Quellen bezogen. Besonders danken möchte ich daher zuerst meinen Klienten und den Teilnehmern meiner Workshops. Ich durfte die Probleme und persönlichen Siege mit ihnen teilen und gewann dadurch tiefere Einsicht in die immense Bedeutung, welche vor allem die Selbstachtung für unser Leben besitzt.

Mein Mann Richard und meine Kinder Leilah, Jack und Alex waren mir wie immer eine große Hilfe und Stütze, vor allem in der hektischen Endphase des Schreibens.

Ein Dankeschön geht an Mutter und Vater, Barbara und Idwal Goronwy, dafür, daß sie so wunderbare Eltern sind, die mich immer unterstützt haben.

Auch Mary Field, meiner Schwiegermutter, bin ich verpflichtet, sie ist stets für mich da, wenn ich sie brauche, und ebenso möchte ich Barbara Higham danken, die mir auf so vielfältige Weise geholfen hat.

Und nicht zuletzt Dank an Julia McCutchen, meine Lektorin bei Element Books, durch ihre Weitsicht konnte dieses Buch erst zustande kommen.

Inhalt

Vorwort

Ihr Leben ist ein kostbares Geschenk, wundervoll und eigentlich unfaßbar, aber Sie wissen dieses Wunder nicht immer voll und ganz zu schätzen.

Manchmal fällt es uns schwer, mit den gestellten Anforderungen fertig zu werden. Angesichts von Problemen und Niederlagen können wir schnell den Glauben an uns selbst und das Gefühl für unseren Wert verlieren. Und wenn wir aufhören, an uns selbst zu glauben, kann die Welt zu einem recht trübseligen und einsamen Ort werden.

In einem ersten Buch wollte ich dem Leser vor Augen führen, wie man Selbstachtung, Selbstwertgefühl und den Glauben an sich selbst wiedergewinnt. Als Antwort auf die vielfachen Wünsche nach einer genaueren Anleitung habe ich nun dieses *Aktiv-Programm* entwickelt. Es offeriert dem Leser einen neuen, praktikablen Weg zu mehr Selbstachtung* und damit zu mehr Selbstbewußtsein. Dieses Buch zeigt Ihnen, wie Sie ein Aktionsprogramm erstellen können, das ganz auf Ihre eigenen Bedürfnisse zugeschnitten ist.

In dem Maße, wie Ihre Selbstachtung zunimmt und Sie lernen, sich selbst zu respektieren, werden Ihr Selbstbewußtsein und auch die Lebensqualität steigen. Aber Ihr Leben werden Sie erst dann wirklich wertvoll finden können, wenn Sie gelernt haben, sich selbst zu schätzen.

---

* Dem Leser wird auffallen, daß in dem vorliegenden Buch oftmals das Wort *Selbstachtung* als zentraler Begriff erscheint, wogegen das Buch selbst »Aktiv-Programm *Selbstbewußtsein*« betitelt ist. Dieser vermeintliche Widerspruch ergab sich aus dem Begriff *self-esteem* im englischen Original-Titel. *Self-esteem* ist im Englischen weit gebräuchlicher und zunächst mit positiveren, aktiveren Vorstellungen besetzt als seine deutsche Übersetzung *Selbstachtung*. Es erschien aber als unzulässig, diesen wichtigen Begriff gänzlich zugunsten von *Selbstbewußtsein* zu unterschlagen. Denn hier ist *Selbstachtung* als grundlegende innere Haltung zur eigenen Person aufzufassen. Und Ziel dieses Aktiv-Programms ist es, diese Grundeinstellung so zu verändern, daß aus ihr wahres Selbstbewußtsein als aktive, kreative und bejahende Energie zur Lebensbewältigung erwachsen kann. Dieses Ziel gab schließlich den Ausschlag für die Wortwahl des deutschen Titels.

Der Übersetzer

Bedeutung der Selbstachtung

Sie sind einzigartig. Es hat auf dieser Erde noch nie jemanden gegeben und es wird nie jemanden geben, der genauso ist wie Sie. Sie sind eine besondere, wertvolle und liebenswerte Persönlichkeit – aber zuweilen fällt es Ihnen vielleicht schwer, sich auch so zu sehen.

Wir sind ständig damit beschäftigt, neues über uns und die Welt, in der wir leben, herauszufinden, und deshalb sehen wir uns immer wieder anderen Herausforderungen gegenüber. Unsere größte Aufgabe besteht aber darin, nicht zu vergessen, daß wir etwas *Besonderes,* daß wir *wertvoll* und *liebenswert* sind, auch wenn uns das Leben manchmal noch so schwierig erscheint. Selbstachtung ist ein empfindliches Gut; unsere Gefühle uns selbst gegenüber können sich von einem Tag auf den anderen, sogar von einem Augenblick zum nächsten ändern. Werfen Sie in diesem Zusammenhang einmal einen Blick auf die folgende Checkliste.

Ihre Selbstachtung

Vorab-Checkliste

	Ja	Nein
Ich habe eine optimistische Einstellung.	○	○
Ich vertraue auf meine Intuition.	○	○
Ich glaube an mich.	○	○
Die Welt ist schön.	○	○
Ich kann meine Gefühle leicht ausdrücken.	○	○
Es ist nicht von Bedeutung, wenn man mal wütend ist.	○	○
Ich kann es zulassen, daß ich mich traurig fühle.	○	○
Es fällt mir leicht, Entscheidungen zu treffen.	○	○
Wenn ich will, kann ich auch mal nein sagen.	○	○
Es ist nicht schlimm, wenn ich Fehler mache.	○	○
Ich verdiene das Beste, was das Leben zu bieten hat.	○	○

Wie haben Sie diese Fragen beantwortet? Fühlen Sie sich stark, zuversichtlich und entscheidungsfreudig oder eingeschüchtert, machtlos und unsicher? Mit anderen Worten, schätzen Sie Ihre Selbstachtung hoch oder niedrig ein?

Selbstachtung – was ist das?

Unten finden Sie einige Schlagworte, die gewöhnlich mit hoher beziehungsweise niedriger Selbstachtung in Verbindung gebracht werden.

Hohe Selbstachtung ———	—— Niedrige Selbstachtung
Zuversicht	keine Zuversicht
glücklich sein	unglücklich sein
Ganzheitlichkeit	Gefühl, nicht dazuzugehören
alles unter Kontrolle	Verlust der Kontrolle
positiv denken	negativ denken
Dinge steuern	ohnmächtig sein
bestimmtes Auftreten	Opfer sein
sich respektieren	sich nicht respektieren
Lebendigkeit	Depression
gelassen sein	angespannt sein
Dynamik	Energielosigkeit
Würde	Verlegenheit
sich ausgeglichen fühlen	instabil sein
erfolgreich sein	ein Versager sein
charismatische Persönlichkeit	schwache Persönlichkeit
sich wertvoll fühlen	sich wertlos fühlen
entscheidungsfreudig sein	entscheidungsschwach sein
Sicherheit	Unsicherheit

Jeder weiß, was mit dem Wort Selbstachtung gemeint ist, und doch versteht jeder etwas anderes darunter. Selbstachtung ist nicht einfach zu definieren, da es sich hierbei um eine individuelle Eigenschaft handelt. Über eines herrscht jedoch Einigkeit: Selbstachtung macht lebensfroh. Man könnte Selbstachtung als einen Lebensfreude-Faktor beschreiben, der auf unserer Selbsteinschätzung beruht. Fest steht, daß wir uns bei hohen Selbstachtungswerten ausgesprochen wohl fühlen in unserer Haut und daß es uns bei niedriger Selbstachtung miserabel geht. Jeder Mensch will, daß es ihm gut geht – und jeder Mensch ist auf der Suche nach Selbstachtung.

Dieses *Aktiv-Programm* nun soll Ihnen durch praktische Techniken und Übungen eine Hilfestellung geben, damit Sie in allen

Selbstachtung
macht lebensfroh.

Lebensbereichen einen hohen Grad an Selbstachtung und somit
Selbstbewußtsein erreichen können. Die Arbeit mit diesem *Aktiv-
Programm* stellt eine interaktive Erfahrung dar: Machen Sie die
Übungen, und Sie werden dieses Buch erst richtig »erleben«. Über
eine Sache sollten Sie sich allerdings im klaren sein, diese Erfahrung ist nur dann gewinnbringend, wenn Sie bei der Beantwor-
tung der Fragen ehrlich sind. Bitte versuchen Sie nicht, mit Ihren
Antworten etwaigen Erwartungen zu entsprechen, das führt zu
nichts. Wenn Sie Hilfe oder Rat brauchen, sprechen Sie schwierige
Übungen ruhig mit einem guten Freund oder einer guten Freundin
durch. Und sollte Ihnen nichts einfallen, überspringen Sie einfach
die Frage und kommen später wieder darauf zurück.

Nutzen Sie das *Aktiv-Programm* auf diese Weise, erhalten Sie
ein aussagekräftiges Bild über sich selbst beziehungsweise von Ihrer eigenen Meinung über sich selbst. Sie werden sehen, wie hoch
gegenwärtig Ihr Grad an Selbstachtung ist und wie Sie zugleich
Ihr Leben in allen Bereichen ändern können. Sie werden in der
Lage sein, in privaten Beziehungen einen neuen Höhepunkt der

Selbstachtung zu erreichen und sich im Beruf durchzusetzen. Gehen Sie erfolgreich durchs Leben! Verwirklichen Sie Ihre Träume! Freuen Sie sich an dem, was in Ihnen steckt, indem Sie die eigene immense und unverwechselbare Kreativität entdecken.

Das *Aktiv-Programm* besteht aus zwei Teilen: In der *Persönlichen Standortbestimmung* erfahren Sie, wie Sie zwischen einer hohen oder einer niedrigen Selbstachtung, viel oder wenig Selbstbewußtsein *wählen* können. Hier werden die Bereiche der Persönlichkeit beleuchtet, die Ihre einzelnen Wahrnehmungen und Erlebnisse beeinflussen, d.h. wir arbeiten Ihre ganz individuellen Gedanken-, Gefühls- und Verhaltensmuster heraus. Sie stellen sich dabei die Schlüsselfragen:

- Was denke ich?
- Wie fühle ich?
- Wie verhalte ich mich?

Im *Aufbauprogramm* wird Ihnen die praktische Anwendung origineller und leicht zu erlernender Techniken gezeigt, mit denen Sie Ihre Selbstachtung und Ihr Selbstbewußtsein in allen Lebensbereichen steigern können. Folgende Punkte werden dabei besonders eingehend behandelt:

- Entwicklung des Selbstvertrauens
- Steigerung der Intensität des Seelenlebens
- Erlangung tieferer Selbsterkenntnis
- Verbesserung privater Beziehungen
- Erfolg im Beruf
- Entdeckung der eigenen Lebensaufgabe

Im *Aktiv-Programm Selbstbewußtsein* dreht sich alles um Sie – und um die Veränderung. Dieses Buch wird Sie ändern, und oft ist es schwer, den Wandel zu akzeptieren. Manchmal machen wir in unserem Leben erstaunliche Fortschritte und vergessen schon bald, was wir erreicht haben und wieviel Anstrengung uns das gekostet hat. Seien Sie nett zu sich. Wenn Sie feststellen, daß Sie sich die Meßlatte wieder ein Stück höher setzen, sollten Sie erst einmal *innehalten* und das bisher Geleistete würdigen.

Die größten inneren Wandlungen sind immer an eine gewachsene Fähigkeit zur Wertschätzung der eigenen Person, zur Selbstliebe und Selbstachtung geknüpft. Respektieren Sie die Art und Weise, wie Sie an Probleme herangehen. Schon daß Sie dieses Buch gekauft haben, zeigt doch, daß Sie auch bereit sind, sich zu ändern. Honorieren Sie diese Tatsache. Immer wenn Sie sich selbst ermutigen, vergrößern Sie Ihre Selbstachtung. Sollte Ihnen ein bestimmtes Thema des Buches als zu heikel erscheinen, überspringen Sie es ruhig und beschäftigen Sie sich mit dem nächsten Kapitel. Was uns heute schwierig vorkommt, kann schon morgen ganz leicht sein.

Dieses Buch läßt sich auf verschiedene Weise gewinnbringend einsetzen. Vielleicht möchten Sie es zuerst durchlesen und dann erst auf die einzelnen Übungen zurückkommen, oder Sie springen nach Lust und Laune von einer Übung zur anderen. Beschäftigen Sie sich mit dem Text so, wie es Ihnen am sinnvollsten erscheint.

Und vergessen Sie bitte nicht: Wenn wir die alten Verhaltensmuster ändern, wenn wir uns nicht mehr im gewohnten »Betriebsmodus« befinden, uns aber noch nicht an eine neue Art zu denken, zu fühlen und zu handeln gewöhnt haben, kann sich manchmal ein Gefühl der Verwirrung einstellen. Sollte dies der Fall sein – *halten Sie durch.* Es handelt sich dabei nur um eine Übergangsphase. Bewundern Sie Ihre Zähigkeit, halten Sie große Stücke auf Ihre Kreativität und schätzen Sie Ihre Entschlossenheit.

Ich hoffe, dieses Buch wird Ihnen zu einem wertvollen Begleiter und Ratgeber werden. Denn Sie *verdienen* alle nur erdenkliche *Zuneigung und Unterstützung* auf Ihrem Weg zu *Selbstachtung und Selbstbewußtsein.*

<u>Erster Teil</u> ## Persönliche Standortbestimmung

Hohe oder niedrige Selbstachtung –
Sie haben die Wahl!

Die Selbsteinschätzung ist das Fundament, auf dem die Selbstachtung ruht. Wenn ich glaube, daß ich wertlos, zu nichts nütze und
allgemein unfähig bin, dann spiegeln auch meine *Gefühle* in bezug
auf mich selbst diese Gedanken wider. Mein *Verhalten* reflektiert
meine schlechte Meinung von mir, und daher ist das gesamte Erleben durch niedrige Selbstachtung geprägt. Wenn wir uns kritisieren und Selbstvorwürfe machen, ist unser *Verhalten* nicht mehr
zielgerichtet.

Mit niedriger
Selbstachtung
fühlen wir
uns wertlos.

Wenn aber meine *Gedanken* über mich selbst aufbauend und bestätigend sind und wenn ich glaube, daß ich grundsätzlich ein wertvoller Mensch bin, der Anspruch darauf hat, von sich selbst respektiert zu werden, dann fallen auch meine *Gefühle* mir selbst gegenüber entsprechend positiv aus. Und damit ist auch mein *Verhalten* kreativ und zielgerichtet – ich bin in der Lage, aus meinem Leben etwas zu machen. Unsere Selbsteinschätzung beziehungsweise die Gedanken über uns selbst wirken sich unmittelbar auf unsere Gefühle und unser Verhalten aus.

Wie denken, fühlen und verhalten Sie sich?

Wir begegnen jedem Erlebnis, jeder Erfahrung mit unserem ganzen Selbst – Geist, Körper, Seelen- und Gefühlsleben bilden eine Einheit. Das bedeutet, daß unsere *Gedanken, Gefühle* und unser *Verhalten* gleichzeitig existieren und daß sie zueinander in Beziehung stehen. Sie beeinflussen sich wechselseitig und bringen sich sogar wechselseitig hervor. Sehen Sie dazu Abbildung 1:

Abbildung 1
Eine ganzheitliche
Erfahrung

Jede Erfahrung stellt den Brennpunkt unserer Gedanken, Gefühle und unseres Verhaltens dar. Das *Wesen* dieser Erfahrung hängt ganz und gar von der Art der Gedanken und Gefühle ab, ebenso von der Art des Verhaltens. Die nachfolgende Tabelle führt die unterschiedlichen Gedanken, Gefühle und Verhaltensweisen auf, die gemeinsam die Erfahrung hoher beziehungsweise niedriger Selbstachtung hervorbringen.

Tabelle 🔲 **Erfahrung von Selbstachtung**

	Hohe Selbstachtung		**Niedrige Selbstachtung**
Gedanken	Ich ...	glaube an mich.	Ich ...	glaube nicht an mich.

		Hohe Selbstachtung		**Niedrige Selbstachtung**

Gedanken	Ich ...	glaube an mich.
		vertraue auf
		  meine Intuition.
		habe das Beste verdient.
		bin wertvoll.
		respektiere mich selbst.
		respektiere andere.
		beeinflusse den Lauf
		  der Dinge.
		kann mich ändern.
		bin erfolgreich.
		tue mein Bestes.
			Ich ...	glaube nicht an mich.
				bin wertlos.
				
				respektiere mich nicht.
				bin ein Opfer.
				bin ohnmächtig.
				bin ein Versager.
				bin zu nichts nütze.
				
				kann mich nicht ändern.
				bin zu _____
				bin nicht gut genug.

Gefühle	Ich ...	bin spontan.
		bin frei.
		bin fürsorglich.
		bin optimistisch.
		bin dankbar.
		bin ausgeglichen.
		bin positiv.
		habe Zugang zu
		  meinen Gefühlen.
		bin sicher.
			Ich ...	bin verkrampft.
				bin unsicher.
				bin menschenscheu.
				bin deprimiert.
				bin schuldig.
				bin besorgt.
				bin kritisch.
				habe Angst vor
				  meinen Gefühlen.
				bin in der Opferrolle.

Verhalten	Ich verhalte mich ...	entschlossen. zielgerichtet. vertrauensvoll. kreativ. offen. selbstsicher.	Ich verhalte mich ...	unentschlossen. furchtsam. kritisch. wertend. defensiv. passiv/aggressiv.
	Ich kann ...	Risiken eingehen. nein sagen. meine Gefühle zeigen.	Ich kann ...	keine Risiken eingehen. nicht nein sagen. meine Gefühle nicht zeigen.
	Ich besitze ...	gute Kommuni- kationsfähigkeiten.	Ich besitze ...	schlechte Kommuni- kationsfähigkeiten.

Unser Denken, unsere Gefühle und unser Verhalten sind in stän-
diger Wandlung begriffen. Auch der Grad der Selbstachtung kann
sich von einem Moment zum anderen ändern. Alles läuft ausge-
zeichnet, Sie denken positiv über sich, es geht Ihnen einfach blen-

dend und dann ... passiert etwas. Dieses »etwas« kann jeder beliebige Vorfall sein, der Sie aus dem Gleichgewicht bringt, indem er Sie zur Selbstkritik anregt. Und damit verwandeln sich die Gedanken, auf die sich Ihre hohe Selbstachtung ursprünglich stützte. Plötzlich versinken Sie in einem Strudel von Selbstvorwürfen. Anstatt zu glauben, daß Sie das Beste verdienen und daß Sie den Lauf der Dinge beeinflussen können, glauben Sie nun, Sie seien wertlos und es liege daher nicht in Ihrer Macht, irgend etwas zu ändern – Sie sind ein Opfer der Umstände geworden!

Das Tempo, mit dem solche Veränderungen vor sich gehen, kann allerdings bestürzend sein. Sobald sich die Art des Denkens wandelt, ziehen Ihre Gefühle und Ihr Verhalten nach. Anstatt sich optimistisch, positiv und teilnahmsvoll zu fühlen, sind Sie nun unsicher, negativ und kritisch. Ihr Verhalten entspricht exakt Ihren Gedanken und Gefühlen: Anstatt entschlossen und kreativ zu handeln, sind Sie furchtsam und ohne Ziel.

Wenn hohe Selbstachtung in niedrige umschlägt   🔲 Übung

Denken Sie an eine Zeit zurück, zu der Sie hohe Selbstachtung besaßen und als plötzlich etwas geschah, das Sie völlig entmutigte.

Manche Vorfälle bringen uns aus dem Gleichgewicht.

Vielleicht nahmen Sie damals irgendeine Kritik besonders empfindlich auf, oder Sie fühlten sich irgendwie bloßgestellt.

1 Beschreiben Sie, was Sie von sich dachten, als Sie sich mit hoher Selbstachtung erlebten, also *bevor* das widrige Ereignis eintrat.

Notizen _____

_____

_____

_____

2 Wie fühlten Sie sich zu diesem Zeitpunkt?

Notizen _____

_____

_____

_____

3 Wie verhielten Sie sich *vor* dem Vorfall?

Notizen _____

_____

_____

_____

Versuchen Sie, nun die genauen Umstände der Sie mutlos machenden Situation zu rekonstruieren. Vergegenwärtigen Sie sich die Empfindungen, die mit dem Verlust Ihrer Selbstachtung zusammenhingen.

4 Was dachten Sie *nach* dem Vorfall von sich selbst?

Notizen _____

_____

_____

_____

5 Welche Gefühle bringen Sie mit dem damaligen Verlust an
   Selbstachtung in Verbindung?

_____   **Notizen**

_____

_____

_____

6 Inwiefern veränderte sich Ihr Verhalten nach dem Ereignis?

_____   **Notizen**

_____

_____

_____

Wie es scheint, befindet sich unsere Selbstachtung ständig in Ge-
fahr. Wir bewegen uns mit beängstigender Geschwindigkeit auf
dieser Gefühlsachterbahn – schnell von hoch oben bis ganz nach
unten. Kennen Sie das auch? Fassen Sie Mut: Wir alle müssen
immerfort an unserer Selbstachtung arbeiten – einfach deshalb,
weil wir als Kinder nicht gelernt haben, an unseren ureigenen Wert
zu glauben. Dies müssen wir jetzt nachholen. Unsere Selbstachtung ist wie eine schöne, aber zarte Blume, die beständig Nahrung
und Hege braucht, um gesund und geschützt heranwachsen zu
können.

Die Selbstachtung bewahren

Die Pflege unserer Selbstachtung verlangt, daß wir unablässig
»Servicearbeiten« an uns vornehmen. Wir haben gesehen, wie
Gedanken, Gefühle und Verhalten zusammenwirken, um Erfahrungen hervorzubringen. Wenn sich unsere Gedanken verändern,
wirkt sich das auch auf die Gefühle und das nachfolgende Verhalten aus. Genauso wandeln sich auch Denken und Verhalten, wenn
sich die Gefühle ändern.

   Gedanken, Gefühle und Handlungen sind also wechselseitig
voneinander abhängig. Das bedeutet, wir können das Wesen unserer Erfahrungen wandeln, wenn wir einen dieser drei Faktoren
ganz *bewußt verändern*.

Übung ▣   **Der Kreislauf der Veränderung**

Gehen Sie die Antworten zur vorhergehenden Übung noch einmal durch. Achten Sie dabei auf die besondere Beziehung zwischen Gedanken, Gefühlen und Verhalten vor und nach dem Vorfall, der Ihre Selbstachtung auf den Nullpunkt sinken ließ. Es ist möglich, die Folgen dieses Vorgangs umzukehren – wir können die verlorene Selbstachtung zurückgewinnen! Abbildung 2 auf der nächsten Seite zeigt, wie uns das gelingen kann.

Nehmen Sie die Antworten zu den Fragen 4, 5 und 6 auf den Seiten 18 und 19 und setzen Sie sie an den richtigen Stellen in Abbildung 2(a) ein. Beschreiben Sie das demoralisierende Ereignis an der dafür vorgesehenen Stelle.

Betrachten Sie nun das ausgefüllte Schaubild 2(a).

Was kann es über das Verhältnis zwischen Ihren Gedanken, Gefühlen und Ihrem Verhalten aussagen?

Beeinflussen sich die Aussagen in einer Art Domino-Effekt?

Haben Sie den Eindruck, daß sie sich wechselseitig hervorrufen?

Sehen Sie sich die Antworten genau an, die Sie in das Schaubild eingetragen haben. Wenn Sie irgendeine dieser Reaktionen ändern könnten, welche wäre das?

Könnten Sie Ihre Gedanken in bezug auf die Situation ändern? Hätte Sie der Vorfall auch derart erschüttert, wenn Sie in der Lage gewesen wären – ungeachtet der Umstände –, an Ihrem starken Glauben an sich selbst festzuhalten?

Könnten Sie Ihre Gefühle, die mit dem besagten Ereignis zusammenhängen, ändern? Wenn es Ihnen beispielsweise möglich gewesen wäre, der Situation mit einem guten Schuß Humor zu begegnen – hätte das eine geringere emotionale Belastung bedeutet? Wäre ein anderes Verhalten möglich gewesen? Vielleicht haben Sie nicht das ausgesprochen, was Sie damals gerne gesagt hätten, oder Sie haben zu viel gesagt.

Denken Sie über das Ereignis, die Gedanken, Gefühle und Handlungen nach, die Sie um Ihre Selbstachtung brachten. Uns steht jederzeit ein riesiger Spielraum für Veränderungen zur Verfügung, es sei denn, wir wollen aus irgendeinem Grund auf der Stelle treten. Der *Kreislauf der Veränderung* ist ein nützliches Werkzeug, durch das wir unsere Reaktionen auf bestimmte Umstände verstehen lernen und erkennen, wie wir anders vorgehen und unsere Selbstachtung bewahren können.

Suchen Sie sich nun eine Reaktion, die Sie eventuell zu verändern imstande sind, und tragen Sie das neue Element an der entsprechenden Stelle in Abbildung 2(b) ein.

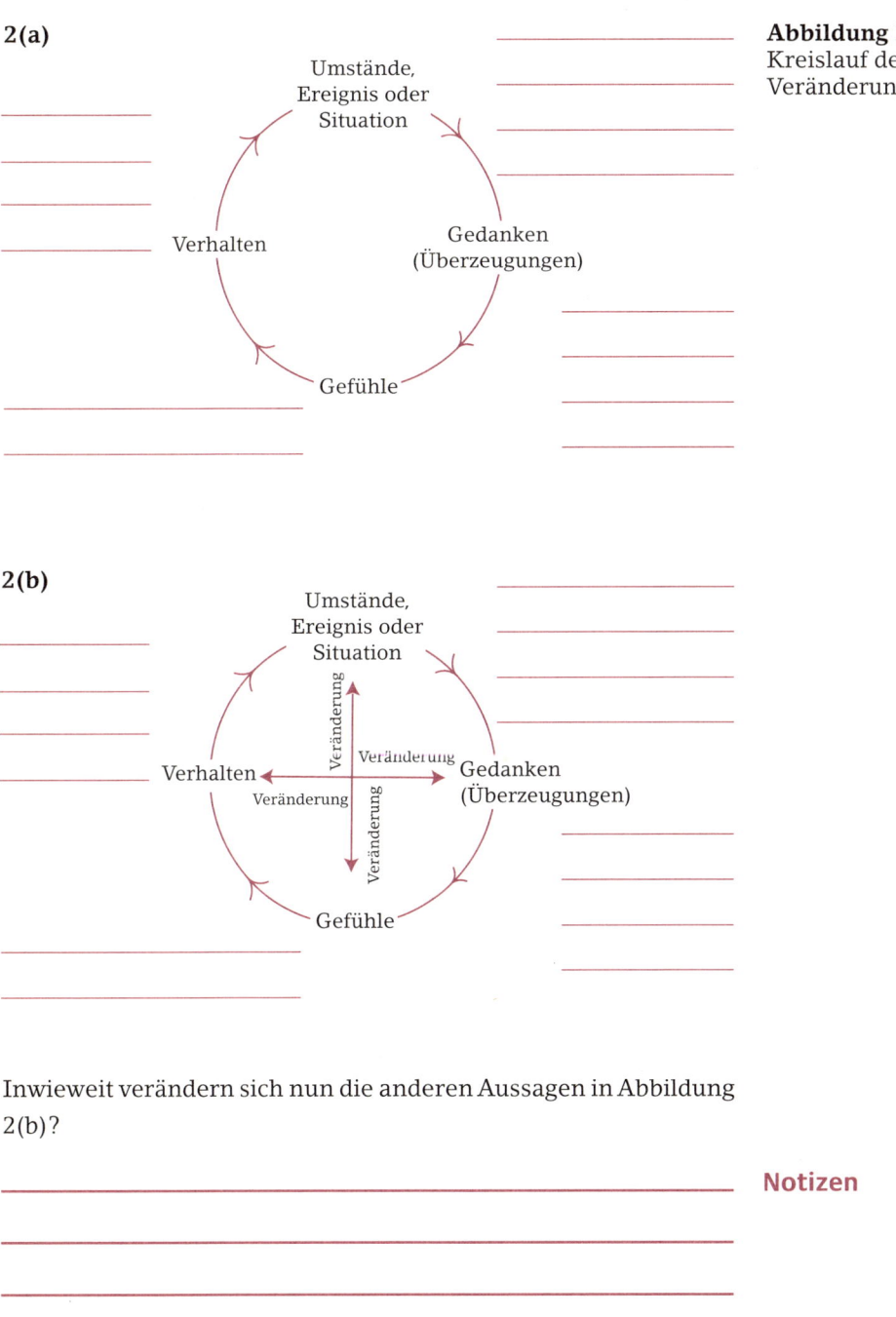

2(a)

Abbildung 2
Kreislauf der
Veränderung

2(b)

Inwieweit verändern sich nun die anderen Aussagen in Abbildung 2(b)?

Notizen

Nach dem Eintrag des neuen Elements in das Schaubild füllen Sie bitte auch die anderen Leerstellen aus. Hat sich nun alles geändert? Hat diese Reaktion die ursprünglichen Umstände verwandelt? Seien Sie so kreativ wie irgend möglich. Lassen Sie ruhig Ihre Phantasie spielen, um eine völlig andere Szenerie zu entwerfen.

Die Frage lautet nun: Können Sie das nächste Mal, in einer ähnlichen Situation, Ihre Selbstachtung bewahren?

Zeichnen Sie Ihre eigenen *Kreise der Veränderung* und benutzen Sie sie, wenn ein Selbstachtungstief ins Haus steht. Seien Sie kreativ: Denken Sie daran, daß Sie jederzeit dazu imstande sind, sich zu ändern. Wenn Ihre Reaktionen zu niedriger Selbstachtung führen können, können sie genauso gut auch eine hohe hervorrufen. Wählen Sie Reaktionen, die Ihre Selbstachtung unterstützen.

Was denken Sie?

Ein Mensch ist im wesentlichen das, was er den ganzen Tag über denkt.

Ralph Waldo Emerson

Abbildung 3
Verhältnis zwischen Selbstachtung und -einschätzung

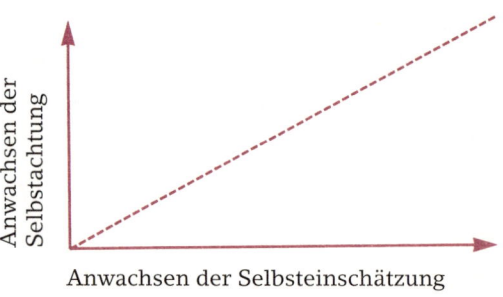

Anwachsen der Selbstachtung

Anwachsen der Selbsteinschätzung

Unsere Selbstachtung steigt und sinkt direkt proportional zu unserer Selbsteinschätzung (Abbildung 3), weshalb wir uns bei jeder Beschäftigung mit der Selbstachtung zwangsläufig auch mit den Ansichten über uns selbst befassen müssen.

Übung 🔲 **Ihr Selbstbild**

Welche Aussagen treffen Ihrer Meinung nach auf Sie zu? Betrachten Sie die folgende Liste und setzen Sie vor jedes Wort ein »Ich bin ...« Bewerten Sie dann den entstandenen Satz wie folgt:

0 Punkte für »fast nie«;

1 Punkt für »manchmal«;

2 Punkte für »oft«;

3 Punkte für »fast immer«.

tolerant	___	wertlos	___	stur	___
deprimiert	___	freundlich	___	liebenswert	___
abenteuerlustig	___	negativ	___	schüchtern	___
herrisch	___	vertrauens-		faul	___
zynisch	___	würdig	___	nicht gefühls-	
intelligent	___	hilfsbereit	___	betont	___
reizbar	___	wertvoll	___	amüsant	___
befangen	___	stolz	___	lebensfroh	___
frei	___	fürsorglich	___	kritisch	___
dumm	___	selbstbewußt	___	leicht zu	
einfühlsam	___	unentschlossen	___	berechnen	___
beschützerhaft	___	passiv	___	leichtsinnig	___
anmaßend	___	kummervoll	___	optimistisch	___
kompetent	___	flexibel	___	glücklich	___
furchtsam	___	hilflos	___	anspruchsvoll	___
langweilig	___	sensibel	___	launisch	___
intuitiv	___	verlegen	___	zuversichtlich	___
schuldig	___	spontan	___	beherrscht	___
wortgewandt	___	interessant	___	nachdenklich	___

1 Nehmen Sie sich nun die Eigenschaften vor, bei denen Sie jeweils 3 Punkte eingetragen haben. Was sind Sie Ihrer Meinung
nach fast immer?

Ich bin fast immer ...

_____   **Notizen**

_____

_____

_____

Diese Eigenschaften sind Teil des Bildes, das Sie von sich selbst
haben. Überlegen Sie sich nun, wie diese persönlichen Charakte-
ristika den Grad Ihrer Selbstachtung beeinflussen.

Wenn überhaupt, welche dieser Eigenschaften würden Sie gerne
ändern?

Notizen _____   _____   _____

_____   _____   _____

_____   _____   _____

_____   _____   _____

_____   _____   _____

2 Betrachten Sie nun die Wörter, bei denen eine 0 zu Buche
schlägt. Was sind Sie Ihrer Meinung nach fast nie?
Ich bin fast nie ...

Notizen _____   _____   _____

_____   _____   _____

_____   _____   _____

_____   _____   _____

Diese Eigenschaften sind in Ihrem Selbstbild nicht enthalten. Wie
beeinflußt das offensichtliche Fehlen dieser Eigenschaften den
Grad Ihrer Selbstachtung?

Notizen _____

_____

_____

_____

_____

Wenn überhaupt, von welchen dieser Fast-nie-Eigenschaften würden Sie gerne mehr besitzen?

Notizen _____   _____   _____

_____   _____   _____

_____   _____   _____

_____   _____   _____

3 Listen Sie sechs Eigenschaften auf, die Sie der eigenen Meinung nach am besten beschreiben; diese müssen nicht unbedingt der obigen Liste entnommen sein.
   Ich bin ...

_____ _____ _____   **Notizen**

_____ _____ _____

Wählen Sie die Aussage, die Sie für am wichtigsten halten. Dies ist
Ihre »Kern-Meinung« über sich selbst, die Essenz Ihrer Ansichten
über sich, die Ihrem Selbstbild zugrunde liegt.
Meiner Kern-Meinung nach bin ich ...

_____   **Notizen**

Was offenbart Ihnen die Kern-Meinung? Wirkt sie kritisch oder
anerkennend? Unterstützt sie Ihre Selbstachtung oder nicht?

4 Schreiben Sie nun alle Eigenschaften auf, die Sie an sich mögen. Erläutern Sie, warum das so ist und in welcher Beziehung
   sie zu Ihrem Grad an Selbstachtung stehen.

_____   **Notizen**

_____

_____

_____

_____

Verwenden Sie bitte zusätzliche Blätter, wenn der vorhandene Platz
nicht ausreicht.

5 Zählen Sie alle Eigenschaften auf, die Ihr Selbstbild weiter verbessern würden.

_____ _____ _____   **Notizen**

_____ _____ _____

_____ _____ _____

_____ _____ _____

Zusammenfassung: Ihr Selbstbild

Sie haben nun eine Vorstellung davon,

- welche Art von Mensch Sie Ihrer Meinung nach sind;
- welche Ansichten über sich selbst Ihre Selbstachtung und Ihr Selbstbewußtsein stärken;
- welche Eigenschaften Sie in Ihr Selbstbild aufnehmen möchten.

Wenn ich glaube, daß ich faul, dumm und wertlos bin, dann wird meine Selbstachtung sehr niedrig sein. Wenn ich glaube, daß ich interessant, kompetent und liebenswert bin, wird meine Selbstachtung sehr hoch ausfallen.

Vielleicht denken Sie jetzt, all dies sei ja ziemlich selbstverständlich: Wenn man sich in seiner Haut wohl fühlt, erfreut man sich hoher Selbstachtung, und wenn man mit sich hadert, ist die Selbstachtung im Keller. Und wenn schon. Kürzlich einmal sagte jemand zu mir: »Ach was ... ich bin, wie ich bin, und daran wird sich nie etwas ändern. Ich habe in meinem Leben nie Glück gehabt, und alles, was ich angefangen habe, ist schiefgelaufen. Warum sollte ich wohl glauben, daß bei mir jemals etwas anders wird?"

Die erfreuliche Botschaft aber lautet: Wir brauchen nicht darauf zu warten, daß sich die Dinge für uns wandeln. *Wir können die Qualität unseres Lebens verändern, indem wir uns eine neue Sichtweise unserer selbst und unserer Welt aneignen.*

Ansichten lassen sich ändern

Kinder vertrauen blind.

Unser Selbstbild haben wir erfahren, als wir noch sehr klein waren. Wir haben gelernt, uns und die Welt durch die Vermittlung der

einflußreichsten erwachsenen Personen in unserem Leben, gewöhnlich der Eltern, zu verstehen. Wir haben die Selbst-Wahrnehmung und die Wahrnehmung der Welt *gelernt*. Als Säuglinge und Kleinkinder übernahmen und glaubten wir blind all die Informationen, die uns die Umgebung zukommen ließ. Das mögen gesprochene Botschaften mit Kritik oder Lob gewesen sein, oder subtilere Denk- und Verhaltensmuster, die unser häusliches Leben bestimmten.

Beim Durcharbeiten dieses Buches werden Sie erkennen, welch weitreichende Auswirkungen diese verinnerlichten Botschaften aus der Kindheit auf Ihr Leben haben können. Wenn Sie zu Ansichten über sich selbst gekommen sind, die Sie nicht aufbauen, dann können Sie diese jetzt ändern. Denken Sie immer daran, daß Ihre Selbstachtung mit Ihrem Selbstbild steht und fällt!

Selbstachtung als visuelle Erfahrung

□ **Übung**

1 Suchen Sie sich ein ruhiges Plätzchen und nehmen Sie eine bequeme Sitzhaltung ein. Holen Sie einige Male tief Luft und entspannen Sie Ihren Körper. Denken Sie jetzt an eine Zeit zurück, in der Sie hohe Selbstachtung erlebten, gleichgültig, wie lange das her sein mag. Schließen Sie die Augen und sehen Sie sich selbst in diesem zuversichtlichen, entschlußfreudigen und entspannten Zustand. Versuchen Sie sich an Einzelheiten zu erinnern. Wo befanden Sie sich? War noch jemand anwesend? Wie fühlten Sie sich? Versuchen Sie, die Gefühle von damals genau nachzuempfinden. Sie fühlen sich großartig. Die Welt ist ein wundervoller Ort: *Welche Meinung haben Sie nun von sich?*

Notizen

_____

_____

_____

_____

2 Schließen Sie wieder die Augen und rekonstruieren Sie eine Situation, in der Sie unter niedriger Selbstachtung litten. Wahrscheinlich ist es nicht allzu schwer, die Empfindungen von damals hervorzurufen. Machen Sie sich die schmerzlichen Gefühle so deutlich wie möglich und fragen Sie sich: *Welche Ansichten über mich halte ich jetzt für wahr?*

Notizen

_____

_____

_____

_____

Dann kehren Sie in die Gegenwart zurück und stellen sich die Frage: *Welche Betrachtungsweise ist zutreffend?*

Wenn wir in verschiedenen Lebensphasen unterschiedliche Meinungen zu der eigenen Person besitzen, sind unsere Ansichten offensichtlich veränderbar. Das ist eine wichtige Erkenntnis.

Übung ◻ **Wir sind das, was wir zu sein glauben**

1 Da wir immer wieder dieselben Gedanken zu haben scheinen, ist es schwer zu glauben, daß wir uns in Wirklichkeit unsere Gedanken aussuchen. Werfen Sie einen Blick auf diese Aussagen:

- Ich bin eine wunderbare, einmalige Persönlichkeit.
- Ich lebe kreativ und bewußt.
- Ich verdiene das Beste, was das Leben zu bieten hat.

Wie oft kommen Ihnen derartige Gedanken? Oder glauben Sie, derartige Aussagen sind auf Sie nicht übertragbar?

....

Merksatz Sie sind ein wunderbarer, kreativer und bewußt lebender Mensch. Ihre Eigenschaften sind einmalig, und Sie verdienen das Beste, was das Leben zu bieten hat.

....

Dies alles trifft auf Sie zu!
Glauben Sie es, oder halten Sie es für unwahr? _____
Wenn Sie das nicht glauben – warum nicht?

Notizen _____

_____

_____

_____

2 Wenn wir uns weigern können, positive Ansichten über uns selbst anzunehmen, dann muß es doch auch möglich sein, negative Meinungen abzulehnen. Denken Sie in diesem Zusammenhang einmal über die folgende Liste nach:

Ich bin so ... dumm.	Ich bin zu ... dick.
... wertlos.	... dünn.
... nutzlos.	... faul.
... erbärmlich.	... schwach.

Sprechen Sie jemals so zu sich selbst?
Können Sie dieser Liste noch etwas hinzufügen? Wie sieht Ihre
Kritik an der eigenen Person aus?

_____   _____   _____   **Notizen**

_____   _____   _____

_____   _____   _____

_____   _____   _____

Wenn wir uns kritisieren und Vorwürfe machen, können wir unser Leben nicht zielorientiert gestalten. Wenn wir uns dafür entscheiden, negative Ansichten über uns selbst anzunehmen, wird
die Selbstachtung immer niedrig sein.

Ich sollte, müßte, muß   🔲 **Übung**

1 Stellen Sie eine Liste all der Dinge zusammen, die Sie tun sollten, müßten oder tun müssen.
Ich sollte, müßte, muß ...

_____   **Notizen**

_____

_____

_____

Sobald Sie feststellen, daß Sie Wendungen wie »sollte«, »muß« oder
»müßte eigentlich« benutzen, halten Sie einen Moment inne. Diese Wörter deuten an, daß es richtig wäre, eine bestimmte Sache zu
erledigen, und daß Sie sich schuldig fühlen, weil Sie es noch nicht
getan haben. Vielleicht müssen Sie ja einer Verpflichtung nachkommen, und wenn das der Fall ist, bringt man die Sache am besten schnell hinter sich. Allzu häufig aber basieren Vorschriften
dieser Art auf den Vorstellungen anderer Leute darüber, wie Sie
Ihr eigenes Leben führen *sollten*.

- Ich sollte _____ gegenüber netter sein.
- Ich sollte meinen Vater lieben.
- Ich muß positiver sein.
- Ich muß rücksichtsvoller sein.
- Ich sollte nicht sagen, was ich denke.

Ich habe Hunderte von Aussagen dieser Art gehört. Wir alle scheinen ellenlange Listen mit uns herumzutragen, randvoll mit Dingen, für deren Nicht-Erledigung wir uns Vorwürfe machen.

2 Schauen Sie sich jetzt Ihre »Forderungen« genauer an. Lesen Sie sie laut vor und fragen Sie sich dann, warum Sie diese Sache tun sollten, müßten, müssen.

Beispiel

Aussage: *Ich sollte immer nett zu den Leuten sein.*
Frage: *Warum sollte ich immer nett zu ihnen sein?*
Antworten: • *Weil das meine Mutter/Lehrer(in) gesagt hat.*
• *Weil jeder nett sein muß.*
• *Damit mich alle mögen.*
• *Ich möchte keinen Ärger haben.*

Vielleicht sind Sie über Ihre eigenen Antworten überrascht. Unsere persönliche Liste von Vorschriften fußt zum großen Teil auf irrationalen Vorstellungen, die wir gewohnheitsmäßig als wahr betrachten. Sind diese Vorstellungen wirklich von Wert für Sie? Verstärken sie Ihre positiven Ansichten, oder untergraben sie Ihr Gefühl für den eigenen Wert? Treffen sie tatsächlich auf Sie zu?

Selbsteinschätzung und Selbstachtung

Positive Ansichten über die eigene Person führen zu hoher Selbstachtung, negative zu niedriger. Abbildung 4 zeigt Ihnen, wie wir unsere eigene »Selffulfilling prophecy«, d.h. eine sich selbst bewahrheitende Voraussage formulieren können.

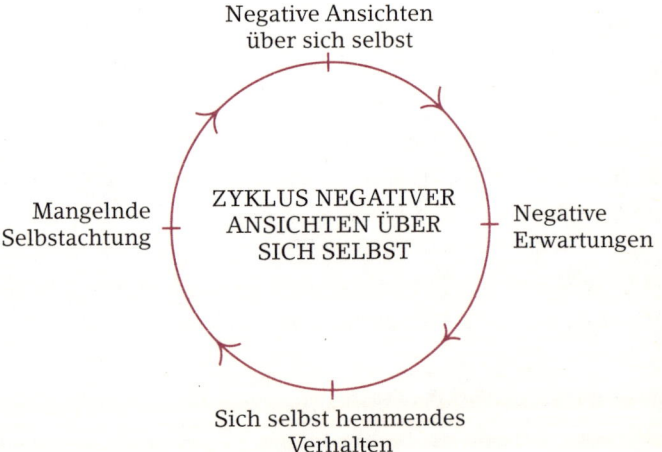

Abbildung 4
Zyklen der
Selbsteinschätzung
und Selbstachtung

Negative Ansichten
über sich selbst

Mangelnde
Selbstachtung

ZYKLUS NEGATIVER
ANSICHTEN ÜBER
SICH SELBST

Negative
Erwartungen

Sich selbst hemmendes
Verhalten

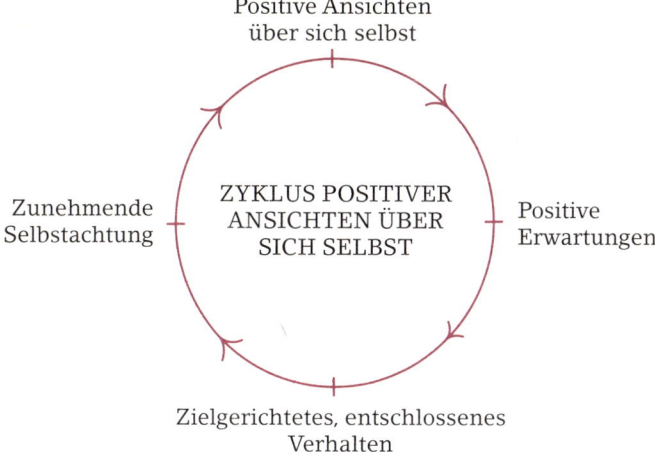

Stellen Sie sich einmal vor, Sie wachen eines Tages auf und fühlen sich großartig, Sie sind zuversichtlich, glücklich und entspannt. Wenn Sie an sich glauben, ist alles möglich. Da Sie voller positiver Erwartungen stecken, halten Sie Ausschau nach jeder sich nur bietenden, vorteilhaften Situation. Ihr Verhalten ist zielorientiert und entschlossen, Ihre Selbstachtung nimmt zu, und dadurch verstärken Sie Ihren Glauben an die eigene Person und Ihr Selbstbewußtsein.

Aufwachen und sich großartig fühlen – der Tag beginnt glücklich und entspannt.

Dann nehmen Sie einen Tag, an dem alles in einem reichlich truben Licht erscheint. Sie fühlen sich mies und unsicher – wir alle wissen nur zu gut, wie es uns an solchen Tagen gehen kann! Sie finden sich in einer Welt wieder, in der Gutes immer nur den anderen passiert; alle haben ihr Leben im Griff, nur Sie nicht. Sie rechnen mit dem Schlimmsten, und das tritt dann natürlich auch ein. Selbst wenn sich Ihnen eine wunderbare Chance bieten würde, könnten Sie sie entweder nicht nutzen oder Sie hätten das Gefühl, eine solche Chance nicht verdient zu haben. Ihr Verhalten ist ziellos, weil Sie unfähig sind, Entscheidungen zu treffen ... Und deshalb wird der Tag genauso, wie Sie ihn sich ausgemalt haben. Ihr Selbstbewußtsein sackt sogar noch weiter ab, und das verstärkt Ihre anfängliche, negative Meinung von sich selbst.

Übung ▣ **Positive und negative Selbsteinschätzung**

1 Denken Sie an eine Situation zurück, während der Sie eine positive Meinung von sich selbst hatten. Entspannen Sie sich, schließen Sie die Augen und versuchen Sie, diese Erfahrung detailliert nachzuerleben. Welche Ansichten hatten Sie über sich selbst? Versuchen Sie, sich so klar wie möglich auszudrücken.
Ich war der Ansicht, daß ich ...

Notizen _____

_____

_____

_____

2 Was war Ihrer Meinung nach für Sie möglich? Was waren Ihre Erwartungen?
Ich erwartete, daß ...

Notizen _____

_____

_____

_____

Wie haben Sie sich verhalten?
Ich habe ...

Notizen _____

_____

_____

_____

Was hielten Sie von sich?
Ich hatte das Gefühl, daß ich ...

Notizen _____

_____

_____

_____

3 Denken Sie nun an eine Zeit zurück, zu der Sie eine negative
  Meinung von sich selbst hatten. Stellen Sie sich die gleichen
  Fragen.
  Inwiefern fallen Ihre Antworten nun anders aus?

_____   **Notizen**

_____

_____

_____

Das Gesetz der Anziehung besagt, daß wir genau das bekommen,
was wir uns ausdenken. Wir leben im Inneren eines elektromag-
netischen Feldes, und jedesmal wenn wir denken, versetzen wir
dieses Feld in Schwingungen. Gleiches zieht sich an, also ziehen
negative Denkmuster alle Formen von negativen Phänomenen an,
positive Denkmuster alles Positive.
  Welche Gedanken gehen Ihnen den lieben langen Tag durch
den Kopf? Was ziehen Sie dadurch in Ihr Leben hinein?
  Wenn wir wissen, wie diese zwei Selbsteinschätzungszyklen
funktionieren, dann können wir erst richtig verstehen, daß wir sind,
was wir zu sein glauben.

....

Sie sind ein erstaunlicher Mensch mit unerschöpflichen Mög-   **Merksatz**
lichkeiten, und Sie haben eine hohe Selbstachtung verdient.

....

Glauben Sie an diese Aussage, und Sie besitzen Selbstachtung.

Zusammenfassung: Selbsteinschätzung und Selbstachtung

1 Selbstachtung läßt sich als der Lebensfreude-Faktor beschreiben, der auf unserer Selbsteinschätzung beruht.

2 Die Selbstachtung steigt und fällt direkt proportional zur Qualität unserer Selbsteinschätzung.

3 Ihre Kern-Meinung von sich selbst offenbart, ob Sie eine hohe
  oder niedrige Selbstachtung besitzen.

4 Sie haben Ihre Ansichten über sich und die Welt gelernt. Diese Ansichten lassen sich ändern.

5 Sie sind, was Sie zu sein glauben. Sie können sich weigern, Meinungen zu übernehmen, die Ihrer Selbstachtung nicht förderlich sind.

6 Sie sind ein wunderbarer, kreativer und bewußter Mensch. Ihre Eigenschaften sind einzigartig, und Sie verdienen das Beste, was das Leben zu bieten hat.

7 Positive Ansichten über die eigene Person erzeugen hohe Selbstachtung, negative dagegen niedrige.

8 Ihre Gedanken erschaffen Ihre Realität. Es liegt bei Ihnen, ob Sie anerkennend oder kritisch über sich denken. Sie selbst sind verantwortlich für eine hohe oder niedrige Selbstachtung.

Wie fühlen Sie (sich)?

Würden Sie sich eigentlich als einen gefühlsbetonten oder gefühlsarmen Menschen beschreiben?

Manche Menschen sind äußerst empfindsam, was Gefühle anbelangt; sie haben unmittelbaren Zugang zu ihren Gefühlen und sind sich auch der Empfindungen anderer Menschen in höchstem Maße bewußt. Wenn Sie einer dieser Menschen sind, wissen Sie das sicher, denn der Umgang mit dieser Art von Bewußtsein kann manchmal schwierig sein. Es kommt zum Beispiel häufig vor, daß man von Gefühlen überschwemmt wird, seien es nun die eigenen oder die anderer Leute.

Wenn wir uns von Gefühlen überwältigen lassen, wirkt sich das unmittelbar auf unsere Gedanken und unser Handeln aus, und unsere gesamte Erfahrungswelt wird eingeschränkt. Denken Sie an eine Situation zurück, in der Sie sich über irgend etwas schwarzgeärgert haben. Was ist damals mit Ihren Gedanken geschehen? Gab es irgendwelche körperliche Reaktionen? Wie haben Sie sich verhalten?

Manchmal brechen Gefühle ungehindert hervor.

Wenn wir unseren Emotionen auf Gedeih und Verderb ausgesetzt sind, verfallen wir in einen Zustand der Verwirrung; unser Urteilsvermögen ist umnebelt (»Tue ich auch das Richtige?«), vielleicht stellen sich auch körperliche Symptome ein (mulmiges Gefühl im Magen, Angstanfälle, Spannungskopfschmerzen), und wir verhalten uns vielleicht anders als geplant (möglicherweise sagen wir ja, wo wir ursprünglich nein sagen wollten, oder wir hatten zu viel Angst, um das zu tun, was wir tun wollten). Es ist schwer, rational zu reagieren, wenn unsere Gefühlsschleusen weit offenstehen.

Andere Menschen wiederum sind alles andere als empfindsam. Kennen Sie jemanden, der so ist? Diese Art von Menschen scheint gänzlich unberührt vom Wellengang der Gefühle zu sein. Die Fähigkeit, rational zu handeln, ist eine große Gabe, aber nur dann, wenn Sie nicht auf Kosten unserer Emotionen erkauft wurde. »Supercool« meint dann vielleicht »supergefühllos«. Wenn wir keinen Zugang zu unseren eigenen Gefühlen haben, haben wir auch keinen Draht zu den Gefühlen anderer. Wenn wir unsere Empfindungen verleugnen, schränken wir wiederum die Ganzheitlichkeit unserer Erfahrung ein. Denken Sie an eine Situation, in der Sie ein Gefühl unterdrückten, weil Sie glaubten, daß es aus irgendeinem Grund zu schmerzlich sei. Was spielte sich dabei in Ihren Gedanken ab? Wie haben Sie sich verhalten?

Ob übermäßig verstandes- oder übermäßig gefühlsbetont – für beides ist ein hoher Preis zu entrichten. Dieser Preis besteht im Verlust einer kreativen und bestätigenden Erfahrung, was uns letztlich die Selbstachtung kostet. Wir brauchen beide Größen in unserem Leben. Emotionalität ist eine Eigenschaft, die uns hilft, die phantasiebetonten und kreativen Teile unseres Wesens zu entwickeln. Wir werden noch sehen, wie wichtig es ist, unsere Erlebnisfähigkeit in diesen Bereichen auszubilden. Aber um die Kreativität ausdrücken zu können, müssen wir andererseits auch fähig sein, unsere logischen und rationalen Fähigkeiten einzusetzen.

Übermäßige Vernunftbetontheit stellt sich dann ein, wenn wir unsere Gefühle verneinen und uns des eigenen Vorrats an Phantasie und Kreativität nicht bewußt werden. Das Mittel der Verleugnung wird gewöhnlich deshalb gebraucht, weil wir uns im tiefsten Inneren vor der Macht der Gefühle fürchten. Wir haben Angst, von ihnen überwältigt zu werden und die Kontrolle zu verlieren.

Übermäßige Emotionalität rührt ebenfalls von einer Verleugnung der Gefühle her. Das mag seltsam klingen, trifft aber zu. Wir werden überempfindlich, wenn wir an einem Stau von Gefühlen leiden, die wir nicht zum richtigen Zeitpunkt zu äußern wagten.

Kern-Emotionen

Wie wir gesehen haben, erleben wir bei hoher Selbstachtung bestimmte Gefühle, während niedrige Selbstachtung wiederum mit anderen verbunden ist. Wenn unsere Selbstachtung einen Tiefstand erreicht hat, fühlen wir uns vielleicht:

- verkrampft
- unsicher

- menschenscheu

- deprimiert
- schuldig

- besorgt

- kritisch
- ängstlich eigenen Gefühlen gegenüber

- in der Opferrolle

Übung ▣ **So finden Sie Ihre Kern-Emotionen**

Gehen Sie die obige Liste durch und wählen Sie drei Gefühlszustände aus, die Sie erlebt haben, als Ihre Selbstachtung niedrig war. Nehmen Sie sich dann nacheinander die einzelnen Emotionen vor und schreiben Sie jeweils alle anderen Gefühle auf, die Sie damit in Verbindung bringen. Versuchen Sie, sich ganz und gar in die Gefühlszustände, die Sie ausgesucht haben, hineinzuversetzen. Dringen Sie zum Kern vor, um die *Gefühle hinter dem Gefühl* zum Vorschein zu bringen.

Nehmen wir an, ich wähle »schuldig«. Ich schreibe das Wort auf und denke an all die anderen Gefühle, die ich hatte, als ich mich schuldig fühlte. Auch diese halte ich fest.

Beispiel ▣ schuldig_____ ; damit verbundene Gefühle:

Wut auf andere
Wut auf mich selbst
Bitterkeit
Angst, erwischt zu werden

Notizen 1 _____ ; damit verbundene Gefühle:

2 _____ ; damit verbundene   _____   **Notizen**
                Gefühle:
                                         _____

                                         _____

                                         _____

3 _____ ; **damit verbundene**   _____   **Notizen**
                Gefühle:
                                         _____

                                         _____

                                         _____

Gibt es irgendwelche Begleitgefühle, die immer wieder auftreten?
Wenn ja, welche?

_____   **Notizen**

_____

_____

_____

Ich nenne diese ständig wiederkehrenden Emotionen *Kern-Emotionen*. Sie sind die tiefen Gefühle, die hinter unseren akzeptable-
ren stecken. Beispielsweise kann ich vielleicht leichter zugeben,
mich wegen irgendeiner Sache schuldig zu fühlen, als die Empfindung von Wut, Angst und Bitterkeit anzuerkennen. Wenn sich
nun während der Übung wieder Zorn, Angst oder Bitterkeit einstellen, dann weiß ich, daß dieses erneut auftretende Gefühl eine
meiner Kern-Emotionen darstellt. Kern-Emotionen sind gewöhnlich Gefühle, deren Existenz wir nur schwer anerkennen können.
Fällt es auch Ihnen schwer, Ihre Kern-Emotionen zu akzeptieren?

Wenn unsere Selbstachtung hoch ist, respektieren wir unsere Gefühle und sind in der Lage, sie angemessen auszudrücken. So können wir sicher sein, nicht von den eigenen Gefühlen regiert zu werden. Wenn wir alle unsere Gefühle *akzeptieren* können, sind wir
nicht länger in Verhaltensweisen gefangen, die entweder extrem
vernunft- oder extrem gefühlsbetont sind. Um ein gesundes und
ausgeglichenes Gefühlsleben zu erlangen, müssen wir:

- ein Gefühl erleben;
- es anerkennen und akzeptieren;
- es ausdrücken und damit loslassen.

Findet dieser Prozeß nicht statt, bildet sich ein Stau von verleugneten und nicht ausgelebten Gefühlen. Wenn wir unsere Emotionen nur lange genug unterdrücken, werden wir schließlich nicht einmal mehr erkennen, was wir fühlen. Neue Gefühle verlieren sich dann in einem emotionalen Wirrwarr, der Stausee unausgelebter Gefühle schwillt weiter an.

Können Sie sich an einen Anlaß zurückerinnern, bei dem etwas Unerhebliches passierte und Sie völlig übertrieben darauf reagierten? Vielleicht ist etwas sehr Trauriges geschehen, und Sie fühlten sich vom Schmerz überwältigt. Eventuell hat Sie auch ein unbedeutender Vorfall ungeheuer in Rage versetzt? Sobald wir unsere Gefühle verleugnen, sind wir nicht mehr in der Lage, sie loszuwerden. Loslassen können wir erst dann etwas, wenn wir seine Existenz anerkannt haben. Folglich führt die Verneinung von Gefühlen dazu, daß sie erst recht festgehalten und tief in unserem Inneren begraben werden. Diese Emotionen können so tief in uns versteckt sein, daß wir ihre Existenz nicht einmal mehr bemerken. Die geheimen Gefühle (vor anderen und vielleicht sogar vor uns selbst verborgen) können unser ganzes menschliches Dasein aus dem Lot bringen – Geist, Körper, Seele und Empfinden. Unterdrückte Gefühle sitzen in uns fest und warten nur darauf, unsere Aufmerksamkeit auf sich zu ziehen. Sie können zu einem äußerst ungünstigen Zeitpunkt wieder hervorbrechen, oder sie machen uns krank. In jedem Fall aber führt ihre Existenz dazu, daß unsere Selbstachtung gering ausfällt.

Wie kann ich mich selbst respektieren, wenn ich meine wahren Gefühle verneine? Meine Gefühle hängen direkt mit meinen Bedürfnissen zusammen. Wenn es mir gut geht, dann deshalb, weil meine Bedürfnisse befriedigt werden. Wenn es mir schlecht geht, dann deshalb, weil sie unbefriedigt bleiben. Verleugne ich meine Gefühle, verleugne ich auch meine Bedürfnisse. Ich sage damit praktisch, daß meine Bedürfnisse nicht zählen – meine Selbstachtung erreicht den absoluten Tiefpunkt!

Warum fürchten wir uns vor unseren Emotionen?

Mit dem Ende des Säuglingsalters haben wir angefangen, dem natürlichen Ausdruck von Gefühlen Grenzen zu setzen, denn die meisten von uns haben schon sehr früh gelernt, daß man Gefühle am besten für sich behält. Der Hauptgrund für diese Verleugnung liegt in der Furcht, und diese Furcht haben wir in der uns umgebenden Erwachsenenwelt kennengelernt.

- Gefühle stellen eine gewaltige Energie dar.
  (Wie können wir das Leben im Griff haben, wenn wir uns von Gefühlen überwältigen lassen?)
- Gefühle sind ein Ausdruck unserer Bedürfnisse.
  (Wenn wir zeigen, daß wir in irgendeiner Weise »bedürftig« sind, offenbaren wir einen schwachen Punkt und werden dadurch verwundbar.)

In unserer Kultur wimmelt es nur so von wohl bekannten Botschaften, die Kinder dazu ermuntern sollen, Haltung zu bewahren. Kommen Ihnen einige davon irgendwie vertraut vor?

Jungs weinen nicht. Hab keine Angst. Nimm dir das nicht so zu Herzen. Ich kann es nicht ertragen, wenn du wütend bist. Wenn du unglücklich bist, bin ich auch unglücklich. Hör auf zu weinen – du bist doch kein Baby mehr. Beiß einfach die Zähne zusammen. Über den Tod spricht man nicht, das tut anderen weh. Eifersucht ist so abstoßend. Tu einfach so, als ob es dir nichts ausmacht.

Fallen Ihnen noch weitere Beispiele ein?

Diese Aussagen können verbal vermittelt worden sein, vielleicht aber auch auf subtilere Weise. Unsere Vorstellungen darüber, wie es in dieser Welt zugeht, beziehen wir aus vielerlei Quellen. Oftmals internalisieren Kinder Botschaften, die nie laut ausgesprochen wurden. Dennoch können gerade die subtileren Botschaften aus der Kindheit massive Auswirkungen auf unser Erwachsenenleben haben. Wir haben so viele unterschwellige Botschaften und Stimmungen als Kinder in uns aufgenommen. Unser Leben ist durchzogen von Denk-, Gefühls- und Verhaltensmustern, die jede Daseinsebene – die physische, geistige, emotio-

Kinder nehmen Botschaften sehr sensibel wahr.

nale und seelische – prägen. Daher beeinflußt uns Unausgesprochenes ebenso stark wie das, was tatsächlich gesagt wird: die hochgezogene Augenbraue; das Lächeln, das die Augen nicht berührt; mitgeteiltes Lob, während die Körpersprache Ablehnung signalisiert; das frostige Gefühl, wenn man ignoriert wird. Wir können auf so vielfältige Weise beeinflußt werden.

Übung ▣ **Unausgesprochene Botschaften**

Was haben Sie aus den unausgesprochenen Botschaften Ihrer Kindheit gelernt? Vielleicht müssen Sie sehr scharf nachdenken, bevor Sie diese Übung machen können. Die Botschaften mögen sehr subtil gewesen sein, ihre Auswirkungen sind jedoch äußerst tiefgreifend. Sehen Sie sich bitte das folgende Beispiel an und beantworten Sie erst dann die Fragen:

Beispiel ▣ 1 Die unausgesprochene Botschaft:
Mein Vater ignoriert mich jedes Mal, wenn ich ihm widerspreche.

2 Ich lernte daraus:
Wenn ich mir den Anschein gebe, ihm zuzustimmen, wird er mich beachten.

3 Die Auswirkungen sind:
Ich bin jetzt oft nicht in der Lage, meine Meinung zu sagen, und jedesmal, wenn das passiert, werde ich sehr wütend.

1 Die unausgesprochene Botschaft:

Notizen _____

_____

_____

_____

2 Ich lernte daraus:

Notizen _____

_____

_____

_____

3 Die Auswirkungen sind:

_____   **Notizen**

_____

_____

_____

Gefühle akzeptieren und ausdrücken   ⧉ Übung

Manche Gefühle können wir leichter akzeptieren und ausdrücken
als andere. Füllen Sie bitte die Emotionstabelle auf dieser Seite
aus, Sie können herausfinden, ob Sie im Umgang mit bestimmten
Gefühlen kaum, größere oder schwere Probleme haben. Auch bei
dieser Übung müssen Sie möglicherweise vorher sehr gründlich
nachdenken. Überlegen Sie sich jede Entscheidung wirklich genau.

Emotionen   ⧉ Tabelle

Gefühl	Annahme			Ausdruck		
	leicht	zuweilen schwer	immer schwer	leicht	zuweilen schwer	immer schwer
Scham						
Trauer						
Glück						
Zorn						
Freude						
Schmerz						
Abneigung						
Freundlichkeit						
Angst						
Eifersucht						
Sorge						
Liebe						
Verletzlichkeit						
Frustration						
Fürsorge						
Alleinsein						
Ablehnung						
Depression						

Was zeigt Ihnen die Emotionstabelle? Überraschen Sie einige Ihrer Eintragungen? Nehmen Sie sich zunächst die Gefühle vor, die Sie nur mit Mühe akzeptieren können. Denken Sie darüber nach, warum Sie den Umgang mit ihnen als so schwierig empfinden.

Vielleicht haben Sie als Kind gelernt, daß diese Gefühle auf irgendeine Weise tabu sind. Wenn Sie beispielsweise jemandem Ihre Liebe gezeigt haben und sie zurückgewiesen wurde, dann hat Sie diese Enttäuschung möglicherweise so negativ »beeindruckt«, daß Sie jetzt Probleme damit haben, anderen Ihre Liebe zu offenbaren. Vielleicht wuchsen Sie ja auch in einer mit Zorn aufgeladenen Umgebung heran, und die Sie umgebenden Menschen waren nie dazu imstande, ihre Wut zum passenden Zeitpunkt loszuwerden, lebten gewissermaßen am Rande eines emotionalen Vulkans. Manche Menschen sind ihr ganzes Leben lang zornig, ohne je zu den Wurzeln ihrer Wut vorzustoßen. Solche Menschen können sich ständig zornig gebärden oder auch absolut keine Gefühlsregung zeigen. Es ist durchaus möglich, daß aufs äußerste verletzte oder wütende Menschen angesichts der Intensität der eigenen Empfindungen schließlich abstumpfen. Bei großem seelischen Schmerz versuchen wir uns vielleicht zu schützen, indem wir uns in einen Zustand der Gefühllosigkeit zurückziehen. Zornige Menschen können also auch gewissermaßen in Verkleidung auftreten. Selbst wenn sie nicht laut werden, ist die Atmosphäre »geladen«.

Wer war bei Ihnen zu Hause zornig, und wie zeigte der- oder diejenige diese Wut (beziehungsweise wie zeigte er oder sie sie *nicht*)? Ist es Ihnen bei einigen Gefühlen leichtgefallen, sie zu akzeptieren, aber schwer, sie auszudrücken? Auch wenn die Annahme eines Gefühls notwendig vor seiner Äußerung kommt, heißt das noch nicht, daß es Ihnen leichtfällt, ihm auch Ausdruck zu verleihen. Das Annehmen eines Gefühls gehört zum Prozeß des Loslassens, es ist der erste Schritt dazu. Das Mitteilen Ihrer Gefühle ist eine andere Sache. Ein Beispiel: Ich kann meinen eigenen Schmerz akzeptieren, aber es würde mir wahrscheinlich sehr schwerfallen, dieses Gefühl mit jemandem zu teilen. Was wird man von mir denken, oder – was vielleicht wichtiger ist – können andere damit überhaupt umgehen?

Viele Menschen haben Angst vor Gefühlen – aus all jenen Gründen, über die wir bisher gesprochen haben. Diese Leute »können nicht damit umgehen«. Sie senden unausgesprochene Botschaften aus, die signalisieren:

Zeige mir deine Gefühle nicht,
- weil – ich mich vor ihnen fürchte;
- weil – ich mich vor meinen eigenen Gefühlen fürchte;
- und deshalb – möchte ich, daß du deine Gefühle verleugnest, und alles ist in bester Ordnung.

Wenn Sie bereit sind, ein Gefühl mitzuteilen, suchen Sie sich jemanden, der damit auch umgehen *kann*. Menschen, die sich bereits um das Freisetzen ihrer eigenen Gefühle bemüht haben, fällt es leichter, anderen zuzuhören. Es kommt aber vielleicht der Punkt, wo Sie meinen, Sie bräuchten psychologische Beratung, oder Sie möchten sich einer Selbsthilfegruppe anschließen. Aber auch allein können Sie sehr wirkungsvoll an sich arbeiten.

Emotionen loslassen
☐ Übung

Auf diese Technik nun können Sie immer dann zurückgreifen, wenn Sie Ihre Gefühle beunruhigen. Sie hilft Ihnen dabei, sich über Ihre Emotionen klarzuwerden.

Wählen Sie sich zunächst ein Gefühl aus, das Sie nur schwer akzeptieren und ausdrücken können. Schreiben Sie:
»Ich, _____ (Name), gebe nicht zu, daß ich _____ (Gefühl) empfinde.«

Ich könnte zum Beispiel schreiben:
Ich, Lynda, gebe nicht zu, daß ich Scham empfinde.

1 Ich, _____ , gebe nicht zu, daß ich _____ empfinde.

Legen Sie sich ein großes Blatt Papier, einen Stift, einen Spiegel und eine Packung Papiertaschentücher zurecht.
  Schreiben Sie diesen Satz wieder und wieder. Wenn Sie damit fertig sind, sprechen Sie ihn sich laut vor, immer wieder. Sie nehmen alle Gefühle wahr, die in Ihnen aufsteigen. Sobald Sie es sich zutrauen, blicken Sie sich im Spiegel in die Augen und wiederholen den Satz. Auch wenn es schwerfallen sollte – machen Sie weiter: Die Arbeit mit dem Spiegel ist eine sehr tiefgehende Erfahrung. Sollten Sie sehr emotional werden, versuchen Sie dem nachzuge-

ben. Vielleicht drängt eine Flut von Tränen nach außen, vielleicht möchten Sie auf ein Kissen einschlagen oder sich ganz einfach nur schlafen legen. Tun Sie, was Ihnen gefühlsmäßig richtig erscheint. Vielleicht läßt Sie das Ganze kalt, und auch das ist völlig in Ordnung, denn es bedeutet beileibe nicht, daß in Ihnen nichts vorgeht. Machen Sie mit der Loslaß-Übung weiter, ganz gleich, wie Sie sich fühlen. Wiederholen Sie das Verfahren bei allen Teilen der Übung.

2 Ich, _____ , gebe nicht zu, daß ich _____ empfinde,

Notizen   weil _____

_____

_____

_____

Wenn Sie dazu imstande sind, verwenden Sie den Spiegel, denn diese Methode ist sehr effektiv. Wie ist das, wenn man sich selbst auf diese Weise in die Augen schaut?

3 Ich, _____ , bin jetzt bereit zu akzeptieren, daß ich _____
empfinde.

4 Ich, _____ , akzeptiere, daß ich _____ empfinde.

5 Ich, _____ , liebe und schätze alle meine Erfahrungen.

6 Ich, _____ , liebe und schätze alle meine Gefühle.

7 Ich, _____ , gestatte mir, _____ zu empfinden.

Sie gestehen es sich jetzt zu, das verleugnete Gefühl *in vollem Umfang* zu erleben. Wenn Sie andere Gefühle empfinden, erkennen Sie sie an. Sie fühlen sich vielleicht schuldig oder sind wütend auf sich. Sollte das der Fall sein, vervollständigen Sie die folgenden Sätze:

8 Ich, _____ , verzeihe mir selbst.

Sind Sie auch auf andere Menschen wütend? Wenn ja, verzeihen Sie auch ihnen.

9 Ich,_____, verzeihe dir,_____.

So können Sie Ihre Gefühle auf vielfältige Art und Weise zum Ausdruck bringen. Letztendlich aber hängt das immer von Ihrer Fähigkeit ab, Gefühle voll und ganz anzunehmen. Wenn Sie sich selbst lieben und schätzen können, sind Sie Ihren Gefühlen nicht länger auf Gedeih und Verderb ausgeliefert. Sie respektieren jetzt Ihre Gefühle und sind in der Lage, sie angemessen auszudrücken. Wenn Ihr Gefühlsleben im Gleichgewicht ist, besitzen Sie hohe Selbstachtung.

Verzeihen

Verzeihen vergrößert die Selbstachtung. Nichtverzeihen vermindert die Selbstachtung.   **Merksatz**

Verzeihen ist ein wirkungsvolles Mittel, um unsere Selbstachtung zu steigern. Wenn ich Menschen rate, anderen Personen zu verzeihen, auf die sie wütend sind, bekomme ich gewöhnlich zur Antwort: »Warum sollte ich, wo sie mir doch dieses und jenes angetan haben? Die haben nicht verdient, daß ich ihnen verzeihe.«

Verzeihen heißt nicht, daß wir alles gutheißen, was uns durch andere Menschen widerfährt. Verzeihen hat mit Loslassen zu tun, und wir wissen ja bereits von den emotionalen Folgen des Nicht-loslassen-Könnens. Wenn ich dir nicht vergeben kann, dann werden meine zornigen Gedanken mich auf immer an dich binden. Du magst Tausende von Kilometern von mir entfernt leben, aber wenn ich nur an dich denke und damit schon meine Gefühle zum Kochen kommen, könntest du genausogut mit mir zusammensein. Und so kann es geschehen, daß wir unser Leben lang durch unseren Haß an jemanden gebunden sind, den wir vielleicht nie zu Gesicht bekommen haben. Und vielleicht zürnen wir sogar einer Person, die bereits tot ist. Das ist gar nicht so ungewöhnlich.

Gibt es jemanden, bei dem Ihnen das Verzeihen schwerfällt?
   Wenn ja, stellen Sie sich die Frage: »Was habe ich davon, daß ich dieser Person nicht verzeihe?«

Die Antwort lautet: eine lebenslange Bindung an diesen Menschen. Sie sind durch Ihre zornigen Gefühle miteinander verknüpft. Wollen Sie das wirklich? Verzeihen heißt nicht, daß wir über das Vorgefallene hinwegsehen oder unsere eigene Erfahrung in irgendeiner Weise abqualifizieren: Das Gegenteil ist der Fall. Ehe Sie die Fesseln des Grolls abwerfen können, die Sie an einen anderen Menschen binden, müssen Sie genau untersuchen, was Sie so verletzt hat und warum. Und das müssen Sie dann auch in geeigneter Weise ausdrücken. Wenn Sie wahrhaft verzeihen können, schenken Sie sich selbst die Freiheit.

Wie kann Ihre Selbstachtung groß sein, wenn Sie jemand anderen hassen?

Die Idee des Verzeihens ist aufs engste mit all den anderen Übungen verknüpft, mit denen wir an der Vergrößerung unserer Selbstachtung arbeiten. Sie werden ihr in diesem Buch auf Schritt und Tritt begegnen. Auch bei der folgenden Übung müssen Sie vielleicht daran denken, wie wichtig es ist, zu verzeihen.

Übung ▢ **Ihr Gefühlsleben**

Beantworten Sie nun die folgenden Fragen. Sie werden Ihnen dabei helfen, Ihr Verhältnis zu Ihren Gefühlen besser zu verstehen.

1 Haben Sie Angst davor, bestimmte Gefühle auszudrücken? Wenn ja, welche?

Notizen _____

_____

_____

_____

2 Warum fürchten Sie sich vor diesen Emotionen? Was, glauben Sie, wird mit Ihnen passieren, wenn Sie sie ausdrücken?

Notizen _____

_____

_____

_____

3 Gibt es jemanden in Ihrem Leben, mit dem Sie über diese Gefühle sprechen könnten?

Notizen

_____

_____

_____

_____

4 Gibt es Ihnen nahestehende Menschen, die Ihrer Einschätzung nach nichts von Ihren Gefühlen hören wollen?

Notizen

_____

_____

_____

_____

5 Was könnte der Grund dafür sein, daß diese Menschen nicht wollen, daß Sie Ihre Gefühle mit ihnen teilen?

Notizen

_____

_____

_____

_____

Schauen Sie sich Ihre Antworten ganz genau an. Was sagen sie Ihnen? Wenn Ihnen nach Weinen zumute ist, oder Zorn in Ihnen aufsteigt, lassen Sie diese Gefühle zu. Gestatten Sie sich überhaupt alle Empfindungen, die hochkommen, denn damit beginnen sie, sich von Ihnen zu lösen.

Wenn Sie jemandem zu verzeihen haben, schreiben Sie den Vergebungssatz zwanzigmal auf ein Blatt Papier.

Ich, _____ , verzeihe dir, _____

Halten Sie alle Gefühle, die Sie während der Übung empfinden, auf der Rückseite des Blattes fest. Positive Aussagen bringen Ihr Negatives zum Vorschein, das liegt in der Natur der Sache. Seien Sie also nicht entsetzt angesichts der Dinge, die Sie auf die Rück-

Lassen Sie
Gefühle zu.

seite geschrieben haben: Denken Sie daran, daß Sie diese Gedanken und Gefühle damit freilassen. Und es macht nichts, wenn Sie nichts auf der Rückseite festgehalten haben, denn jeder reagiert anders auf diese Übungen. Machen Sie trotzdem weiter, oder versuchen Sie, Verzeihen mit Hilfe des Spiegels zu praktizieren (diese Technik ist aber nur robusteren Naturen anzuraten!). Möglicherweise möchten Sie zunächst nicht vergeben, aber wenn Sie bereit sind, es wenigstens zu versuchen, wird der Prozeß von selbst einsetzen.

Vielleicht erkennen Sie jetzt allmählich ein bestimmtes Muster, das sich durch Ihr Gefühlsleben zieht, etwa in Form sich wiederholender Gefühlskonstellationen. Es kann auch sein, daß sich keinerlei Schema ergibt, Sie nur Verwirrung empfinden. Was auch immer in Ihnen vorgeht – denken Sie daran, daß Sie bereit sind, sich zu ändern, und allein die Absicht schon ist ein magischer Schlüssel.

An dieser Stelle sollten Sie sich jetzt sagen:

Ich, _____ , bin bereit, mich zu ändern.

Dies ist ein sehr mächtiger Satz.

Ihre gegenwärtigen emotionalen Erfahrungen sind immer mit der Empfindungswelt Ihrer Kindheit verbunden. Wir neigen dazu, die emotionalen Bindungen, die wir im frühkindlichen Alter zu unseren Eltern hatten, aufs neue zu inszenieren. Wenn wir uns ansehen, wie unsere Eltern mit ihren Gefühlen umgingen, kommt vielleicht ein bestimmtes Schema zum Vorschein.

Übung 🔲 **Die Gefühle der Eltern**

1 Wie ging Ihr Vater mit seinen Gefühlen um?

Notizen _____

_____

_____

_____

2 Wie ging Ihre Mutter mit ihren Gefühlen um?

_____ **Notizen**

_____

_____

_____

3 Wie gingen Ihre Eltern innerhalb ihrer Beziehung mit Gefühlen um?

_____ **Notizen**

_____

_____

_____

4 Was haben Sie durch Ihre Eltern über den Ausdruck von Gefühlen gelernt?

_____ **Notizen**

_____

_____

_____

5 Schmerzt es Sie nun, in dieser Hinsicht über Ihre Eltern nachzudenken? Sollte das der Fall sein, können Sie dann beschreiben, was in Ihnen vorgeht?

_____ **Notizen**

_____

_____

_____

Gefühle _verursachen_ keine Schmerzen. Es ist der Widerstand gegen Gefühle, der uns Schmerzen bereitet. Wenn wir uns vor einer Emotion fürchten und sie deshalb unterdrücken, empfinden wir Schmerz. Wenn wir uns zu einem Gefühl bekennen, dann mag das vielleicht eine sehr intensive Erfahrung sein, aber sie wird uns nicht weh tun. Unsere Gefühle können uns keine Schmerzen zufügen, denn sie sind lediglich ein Ausdruck unseres Selbst. Ihre Gefühle haben keine Macht über Sie – Sie selbst haben sie ja geschaffen. Freuen Sie sich über Ihre Emotionen. Sie sind Ausdruck Ihrer einzigartigen Persönlichkeit, sie sind faszinierend. Sie *selbst* sind faszinierend.

Gefühls-Stichproben

Lernen Sie Ihre Gefühle kennen. Wenn ich Sie fragen würde: »Was fühlen Sie jetzt im Augenblick?«, könnten Sie aus dem Stegreif darauf antworten? Zuweilen verwechseln wir Denken mit Fühlen; beide haben sehr viel miteinander zu tun, sind aber nicht dasselbe. Führen Sie im Lauf des Tages immer wieder *Gefühls-Stichproben* durch. Stellen Sie sich einfach die Frage: »Was fühle ich jetzt im Augenblick?« Darauf zu antworten wird Ihnen zunehmend leichter fallen. Lernen Sie, Ihre Gefühle zu lieben, und lernen Sie, sich selbst zu lieben.

Wie verhalten Sie sich?

»Wir selbst bringen den Leuten bei, wie sie nach unserer eigenen Vorstellung mit uns umgehen sollen.«

Wie wirkt dieser Satz auf Sie? Halten Sie ihn für richtig oder falsch?

Wichtiger als das, *was* wir tun, ist die Art, *wie* wir es tun. Wenn wir befriedigende Ergebnisse aus unseren sozialen Interaktionen, also der Wechselbeziehung zu anderen erhalten wollen, sollten wir bestimmte Verhaltensweisen erkennen lernen. Es besteht eine direkte Verbindung zwischen unserem spezifischen Verhalten und dem Grad der Selbstachtung. Wenn es uns an Selbstachtung mangelt, verhalten wir uns wie Opfer. Wenn unsere Selbstachtung hoch ist, reagieren wir nicht in dieser Weise.

Abbildung 5 zeigt das Verhaltensspektrum, das uns bei jeder sozialen Interaktion zur Verfügung steht.

Wenn wir uns *selbstsicher* verhalten, respektieren wir die eigenen Bedürfnisse ebenso wie die Bedürfnisse anderer und erfreuen uns dabei natürlicherweise einer hohen Selbstachtung. Selbstsicheres Verhalten setzt voraus, daß wir wissen, was wir wollen;

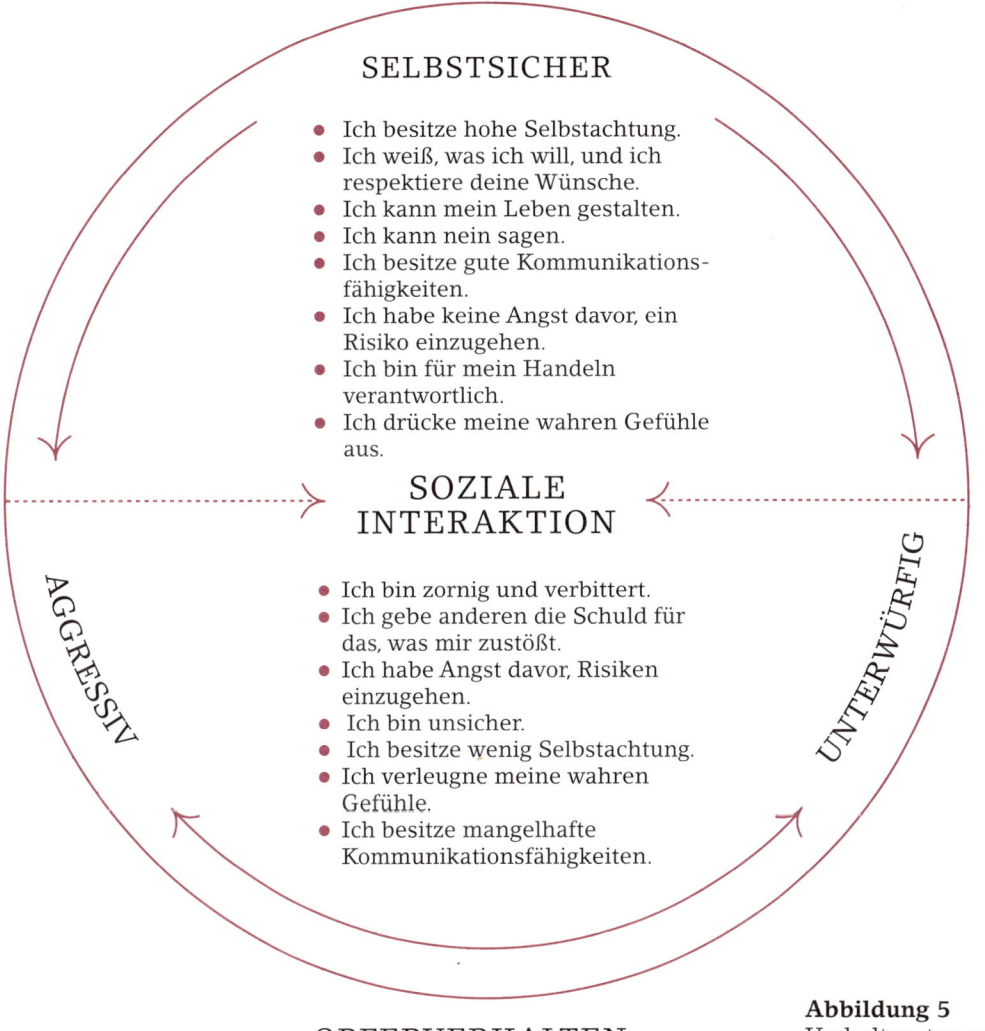

Abbildung 5
Verhaltenstypen

daß wir daran glauben, unser Leben gestalten zu können; daß wir bereit sind, die Verantwortung für unser Leben voll und ganz zu übernehmen; daß wir offenen und ehrlichen Umgang mit anderen pflegen und bereit sind, im Leben auch ein Risiko einzugehen.

»Opferverhalten« kann *aggressiv* oder *unterwürfig* sein beziehungsweise irgendwo dazwischen liegen. Wenn wir das Opfer spielen, sind wir zornig und erbittert; wir geben anderen die Schuld für das, was uns zustößt; wir besitzen mangelhafte Kommunikationsfähigkeiten; wir haben Angst davor, unsere Gefühle zu zeigen; wir sind unsicher und respektieren uns nicht. Wenn unsere Selbstachtung niedrig ist, können wir nur in diesem Opfermodus agieren.

Auf Abbildung 5 weist ein einziger Pfeil in zwei Richtungen, sowohl auf aggressives wie unterwürfiges Verhalten. Und das deshalb, weil wir oft zwischen diesen beiden Extremen hin und her schwanken. Etwas passiert, und ich fühle mich bedroht. Sofort ziehe ich mich auf den Unterwürfigkeitsmodus zurück, lasse den Kopf hängen und tue mir selbst leid. Ich halte an meinem stillen Groll fest, und irgendwann, meist zu einem völlig ungeeigneten Zeitpunkt, kommt es zu einem aggressiven Ausbruch. Aggression schafft Entfremdung, sie trägt in keiner Weise zu einer klaren Verständigung zwischen den Menschen bei. Von Schuldgefühlen und Reue geplagt ziehe ich mich wieder auf mein Unterwürfigkeitsverhalten zurück. Kommt Ihnen dieser Kreislauf bekannt vor?

Natürlich pendelt nicht jeder zwischen diesen beiden Extremen hin und her. Manche Menschen setzen auf unterwürfiges Verhalten, während andere aggressive Taktiken bevorzugen. Zunächst mag es so aussehen, als wären diese beiden Verhaltensweisen völlig verschieden. Ein aggressiver Mensch ist laut, dominant und kann als entschlossen und selbstbewußt gelten, im Gegensatz zum unterwürfigen Menschen, der sich still verhält und dem Selbstvertrauen und Orientierung zu fehlen scheinen. Beide Verhaltensmuster sind jedoch manipulativ und vorwurfsvoll, und beide sind nicht zielgerichtet. Aggressives Verhalten schafft Opfer und verhindert sinnvolle Kommunikation. Und letztlich wird der aggressive Mensch zum Opfer seiner eigenen Schikanier-Taktik.

Kommen Ihnen diese Verhaltensweisen bekannt vor? Kennen Sie jemanden, der aggressiv, oder jemanden, der unterwürfig ist? Wie sieht Ihr Verhältnis zu diesen Personen aus? Vielleicht kennen Sie ein Paar, bei dem ein Partner die unterwürfige und der andere die aggressive Rolle übernommen hat. Menschen mit diesen gegensätzlichen Verhaltensweisen ziehen einander häufig an.
  Doch uns stehen drei Verhaltensmuster zur Verfügung, und alle haben wir sie schon das eine oder andere Mal ausprobiert. Befindet sich unser Selbstwertgefühl am Boden, tauchen wir irgendwo in der Opferkategorie auf, sei es nun in der aggressiven oder unterwürfigen Abteilung. Sind wir dagegen mit uns selbst im rei-

nen, dann können wir selbstsicher agieren und die Dinge gestalten; im Nicht-Opfer-Modus können wir uns nur befinden, wenn unsere Selbstachtung hoch ist.

Verhaltenstypen

⌨ Übung

Können Sie sich an bestimmte Situationen erinnern, in denen Ihr Verhalten jeweils einer der drei Spielarten zuzurechnen war?

1 *Eine Situation, in der ich mich unterwürfig verhielt.*
   Die Situation:

_____   **Notizen**

_____

_____

_____

Ich verhielt mich folgendermaßen:

_____   **Notizen**

_____

_____

_____

Das Ganze endete damit, daß ...

_____   **Notizen**

_____

_____

_____

2 *Eine Situation, in der ich mich aggressiv verhielt.*
   Die Situation:

_____   **Notizen**

_____

_____

_____

Ich verhielt mich folgendermaßen:

Notizen _____

_____

_____

_____

Das Ganze endete damit, daß ...

Notizen _____

_____

_____

_____

3 *Eine Situation, in der ich mich selbstsicher verhielt.*
Die Situation:

Notizen _____

_____

_____

_____

Ich verhielt mich folgendermaßen:

Notizen _____

_____

_____

_____

Das Ganze endete damit, daß ...

Notizen _____

_____

_____

_____

Glauben Sie, daß Sie den Lauf der Dinge beeinflussen können, oder meinen Sie, daß Ihnen Sachen einfach so widerfahren?

Wenn Sie den Lauf der Dinge beeinflussen, sind Sie selbstsicher, selbständig und einfallsreich. Sie glauben, daß Sie die kreative Kraft in Ihrem Leben sind, und Sie erfreuen sich hoher Selbstachtung.

Wenn Ihnen Dinge einfach so passieren, dann haben Sie Ihre Macht anderen überlassen. Sie sind ein Opfer des Handelns anderer geworden. Sie treten nicht für sich selbst ein und besitzen eine geringe Selbstachtung. Ob aggressives oder unterwürfiges Opfer – in beiden Fällen sind Sie der Verlierer.

Charakterprofil Opfer   ▣ Übung

Verhalten Sie sich wie ein Opfer? Überprüfen Sie Ihr Charakterprofil, indem Sie durch die Wahl der Optionen A oder B auf bestimmte Alltagsanforderungen reagieren.

1 Jemand aus der Verwandtschaft ruft an, Sie haben aber viel zu tun und möchten mit niemandem reden.
  A Sie sprechen mit der Person, fühlen sich jedoch bedrängt.
  B Sie sagen, daß Sie momentan keine Zeit haben, sich zu unterhalten, aber später zurückrufen werden.

2 Sie sind zu einem Abendessen eingeladen. Schon nach der Hälfte der Ihnen zugedachten Portion fühlen Sie sich satt.
  A Sie essen dem Gastgeber zuliebe weiter.
  B Sie hören auf zu essen und erklären, das Essen sei zwar köstlich, Sie brächten aber keinen Bissen mehr hinunter.

3 Ihr Hausarzt verschreibt Ihnen ein Medikament gegen Beschwerden, die Sie für unerheblich halten.
  A Sie nehmen die Tabletten.
  B Sie fragen, wofür die Tabletten eigentlich sind, wie sie wirken und ob sie irgendwelche Nebenwirkungen haben. Wenn Sie die Antwort nicht zufriedenstellt, nehmen Sie die Tabletten nicht und/oder holen einen weiteren ärztlichen Rat ein.

4 Die lieben Familienangehörigen lassen ihre Siebensachen im ganzen Haus herumliegen.
  A Sie räumen sie weg.
  B Sie teilen den anderen mit, daß sie ihre Sachen gefälligst selbst aufräumen sollen.

5 Ein Versicherungsvertreter ruft um sieben Uhr abends an, als Sie gerade beim Essen sitzen.

A Sie hören sich die Vertretersprüche an, während Ihr Essen kalt wird.

B Sie sagen sofort, daß Sie kein Interesse haben.

6 Sie haben gerade mit dem Rauchen aufgehört, und ein Freund versucht, Sie in einem Lokal zu einer Begrüßungszigarette zu überreden.

A Sie können nicht nein sagen und nehmen die Zigarette an.

B Sie lehnen ab und gehen sofort nach Hause, wenn die Versuchung zu groß wird.

7 Sie sind zu einer Party eingeladen, können aber die Gastgeber nicht leiden. Überdies erwartet man von Ihnen, daß Sie ein Geschenk mitbringen, selbst wenn Sie nicht lange bleiben.

A Sie kaufen zähneknirschend das Geschenk.

B Sie entschuldigen sich höflich, daß Sie nicht kommen können, und kaufen auch kein Präsent.

8 Sie glauben, daß Ihnen Ihr Rechtsanwalt zu viel berechnet hat.

A Sie zahlen, um einen peinlichen Auftritt zu vermeiden.

B Sie reklamieren.

9 Sie haben sich zu viel Arbeit aufgeladen und können nicht alles erledigen, wie Sie es versprochen hatten.

A Sie werden reizbar und verstimmt und versuchen von allem ein bißchen zu machen, so daß am Ende nichts richtig gelingt.

B Sie geben einige Jobs ab und haben auch mal Zeit auszuspannen.

10 Nach einer Party will Ihr Partner Auto fahren, obwohl er zu viel getrunken hat.

A Sie steigen ein und machen sich Sorgen.

B Sie steuern selbst oder rufen ein Taxi.

11 Sie haben sich einen neuen, teuren Mantel gekauft, der Ihrem Partner nicht gefällt.

A Sie tragen ihn fortan nicht mehr.

B Sie tragen den Mantel. Schließlich haben Sie ihn sich ausgesucht.

12 Sie versuchen gerade abzunehmen und sind mit Freunden unterwegs, die Sie überreden möchten, mit ihnen Pommes und Currywurst zu essen.

A Sie halten Ihre Diät plötzlich für albern und machen mit.

B Sie sagen, daß Sie bei Ihrer Diät bleiben und gehen nach Hause, wenn der Verzicht zu schwierig wird.

13 Sie wissen, daß Ihre halbwüchsige Tochter mit ihrem Freund schläft.

A Sie hoffen, daß sie Vorsichtsmaßnahmen getroffen hat.

B Sie fragen sie, ob sie Verhütungsmittel benutzt. Wenn nicht, dann gehen Sie mit ihr zu einer Familienberatungsstelle.

14 Ihre Nachbarn schauen noch spät nachts und in voller Lautstärke fern – und das in einem Zimmer, das an Ihr eigenes Schlafzimmer grenzt.

A Sie nehmen Ohropax und können nicht einschlafen.

B Sie gehen hinüber, erläutern Ihren Standpunkt und bitten die Nachbarn, den Fernseher leiser zu stellen oder abzuschalten.

15 Ihr Chef bittet Sie, an einem Abend länger zu bleiben, aber Sie haben eine wichtige Verabredung.

A Sie sagen die Verabredung ab.

B Sie teilen Ihrem Chef mit, daß Sie eine Verabredung haben, die Sie nicht absagen möchten, und daß Sie nichts dagegen hätten, ab und zu länger zu arbeiten, wenn Ihnen dies rechtzeitig mitgeteilt wird.

16 Sie haben gute Arbeit geleistet, und jemand gratuliert Ihnen dazu.

A Sie sagen: »Aber das war doch nichts Besonderes.«

B Sie danken der betreffenden Person.

17 Sie entschließen sich ganz spontan, abends auszugehen, weil Sie wirklich einmal etwas Abwechslung brauchen. Da ruft eine Freundin an und fragt, ob Sie nicht kommen und babysitten könnten.

A Sie lassen Ihre eigenen Pläne sausen, weil es Ihnen zu schwerfällt abzulehnen.

B Sie sagen Ihrer Freundin, es täte Ihnen leid, aber Sie hätten schon etwas vor.

18 Sie haben einen Tisch im Restaurant reserviert, aber dort stellen Sie fest, daß Sie direkt neben der Toilette sitzen.

A Sie unterdrücken Ihre Enttäuschung und machen das Beste aus der Situation.

B Sie sagen Ihre Meinung und bitten um einen besseren Platz. Wenn kein Tisch mehr frei ist, wechseln Sie das Restaurant.

19 Ihr vierzehnjähriger Sohn raucht und trinkt Alkohol. Sie machen sich große Sorgen um ihn.

A Sie möchten ihn nicht darauf ansprechen; sie hoffen, daß er von selbst vernünftig wird.

B Sie packen den Stier bei den Hörnern und sagen ihm, daß er zu jung sei, um über den richtigen Umgang mit Alkohol und Nikotin Bescheid zu wissen. Sie zeigen Ihre Besorgnis und versuchen sein Verhalten zu ändern.

20 Ihre Mutter will Ihnen ständig vorschreiben, wie Sie Ihre Kinder zu erziehen haben.

A Die Einmischung macht Sie wütend und verletzt Sie, aber Sie sagen nichts.

B Sie erklären Ihrer Mutter, daß Sie deren Meinung schätzen, es sich aber um Ihre Kinder handelt und Sie sie genau so erziehen würden, wie Sie es für richtig halten.

Manchmal sind wir nur in vertrauten Lebensbereichen selbstbewußt.

Ich weiß, daß nicht alle diese Problemstellungen für alle Menschen in Frage kommen, aber vielleicht gewinnen Sie doch einen Eindruck, ob Sie zur Opferhaltung neigen. Mit welchen Gefühlen betrachten Sie nun Ihr Charakterprofil? Leiden Sie vielleicht sogar am »Fußabstreifer-Syndrom«?

Das Fußabstreifer-Syndrom

Wir alle lassen uns manchmal zum Opfer machen; wir alle haben Bereiche, in denen wir ganz besonders verletzlich sind. Vielleicht schaffen wir es hervorragend, uns in beruflichen Angelegenheiten durchzusetzen, aber zu Hause gelingt uns das nicht. Mag sein, daß wir nur in Lebensbereichen Selbstbewußtsein zeigen, die uns wohl vertraut sind, und uns schnell einschüchtern lassen, wenn wir einer neuartigen Situation gegenüberstehen.

Manchmal ist es auch nicht leicht zu erkennen, ob wir nun zum Opfer gemacht werden oder ob wir aus reiner Herzensgüte handeln. Was tun Sie also, wenn ein Freund um Hilfe bittet, und Sie haben schon etwas vor? Wenn Sie ihm helfen und Ihre eigene Verabredung absagen, sind Sie dann ein Opfer oder einfach nur ein guter Freund?

Es kann sehr schwer sein zu beurteilen, ob nun die eigenen Bedürfnisse vor oder nach denen anderer Menschen kommen; die Grenzlinie zwischen echter Hilfsbereitschaft und einem Opferdasein, das nur den Bedürfnissen anderer dient, ist oft kaum auszumachen. *Dabei gibt es eine Methode, mit der man ganz klar zwischen beidem unterscheiden kann.*

Opfer – ja oder nein?

□ Übung

Rufen Sie sich doch einmal eine Situation ins Gedächtnis, von der Sie heute noch nicht klar sagen können, ob Sie damals in eine Opferrolle geschlüpft sind oder nicht.

1 Die Situation:

_____   **Notizen**

_____

_____

_____

2 Mein Verhalten:

_____   **Notizen**

_____

_____

_____

3 Meine Gefühle damals:

_____   **Notizen**

_____

_____

_____

4 Meine Gedanken damals:

Notizen _____

_____

_____

_____

Immer wenn Sie Zweifel an Ihrer momentanen Handlungsweise haben, dann achten Sie auf die Gedanken und Gefühle, die gerade auf Sie einstürmen.

Folgende *Gefühle* weisen auf eine Opferhaltung hin:

- Angst
- Unsicherheit
- Wut
- Verbitterung
- Verärgerung
- Hilflosigkeit
- niedrige Selbstachtung

Folgende unterschwellige *Gedanken* weisen auf eine Opferhaltung hin:

- Ich bin nicht so gut wie ...
- Ich will, daß du mich magst.
- Ich kann nicht nein sagen.
- Ich kann meine wahren Gefühle nicht ausdrücken.
- Dir steht mehr zu als mir.

Sehen Sie sich jetzt einmal Ihre Eintragungen für die Übung an. Tauchen irgendwelche Gefühle und Gedanken aus früheren Situationen in diesen Listen auf, oder empfanden Sie etwas Ähnliches? Die eigentliche Bedeutung Ihres Handelns liegt immer in der jeweiligen Absicht begründet. Was sind meine wahren Motive? Was fühle ich wirklich? Ganz tief in Ihrem Inneren kennen Sie stets die Antworten auf diese Fragen.

Manchmal kann man sich nur mit größter Mühe eingestehen, daß man Dinge tut, die man eigentlich nicht will. Mitunter dreht sich unser ganzes Leben um die Bedürfnisse anderer Menschen;

sobald wir das realisieren, kommt vielleicht ein wahrer Vulkan an Wut zum Ausbruch, und das kann einen gewaltigen Schreck einjagen. Wir müssen dann aber beileibe nicht zu drastischen Maßnahmen greifen: Unsere Lage nämlich können wir schlicht dadurch verändern, daß wir unseren »Peinigern« eine andere Haltung uns gegenüber beibringen.

Wie man zu selbstsicherem Verhalten gelangt

Eine Reaktion ohne Opferhaltung ist eine selbstsichere Reaktion. Wir verhalten uns selbstsicher, wenn wir im eigenen Interesse handeln und zu uns selbst stehen. Wir tun unsere Bedürfnisse unmißverständlich kund, und wir respektieren auch die Rechte und Gefühle anderer Menschen. Wir wissen uns selbst zu schätzen, und wir besitzen eine hohe Selbstachtung.

Anderen Menschen bringen wir bei, wie wir von ihnen behandelt werden wollen, indem wir offen zeigen, was wir wollen beziehungsweise nicht wollen. Wie kannst du meine wahren Gefühle in einer bestimmten Angelegenheit kennen, wenn ich sie dir nicht mitteile? Leider kommt es gerade in langjährigen Beziehungen oft zu einem Abreißen der Kommunikation, wenn der eine glaubt, er kenne die innersten Gedanken und Gefühle des anderen schon im voraus. Manchmal beschwören wir eine »opferträchtige« Situation herauf (die natürlich dadurch gekennzeichnet ist, daß alle als Verlierer vom Platz gehen), wenn wir von einem Menschen *erwarten,* daß er weiß, was wir denken: »Ich sollte dir nicht sagen müssen, was ich denke/fühle/will, du solltest es einfach *wissen.*«

Erwarten Sie *niemals* von anderen, daß sie über Ihre Wünsche und Bedürfnisse im Bilde sind: Sie werden nämlich unweigerlich enttäuscht werden und immer Opfer sein. Sagen Sie ganz klar, was Sie wollen. Teilen Sie Ihre Bedürfnisse mit. Das macht das Leben in allen Belangen um vieles einfacher.

Eine Bekannte von mir gilt allgemein als »prima Kumpel«, da sie jederzeit für jeden alles macht. Wenn ich sie frage, ob sie mir einen Gefallen tun will, antwortet sie unweigerlich mit Ja. Sie sagt auch zu anderen stets ja, und ihr Haus ist voll mit den Kindern fremder Leute. Die Bedürfnisse anderer haben *immer* Vorrang vor ihren eigenen, sie besitzt kein Gefühl für den eigenen Wert.

Wenn wir unsere Bedürfnisse verleugnen, geraten wir in eine emotionale Zwickmühle, und unsere Selbstachtung sackt auf einen Tiefstand.

Eine weitere Bekannte gilt nicht als Kumpel, wird aber allgemein respektiert und geht ganz anders zu Werke. Wenn ich sie um einen Gefallen bitte und sie mir nicht helfen kann, dann sagt sie mir das. Weil sie fähig ist, nein zu sagen, fällt es mir viel leichter, sie zu fragen. Ich habe das Gefühl, daß ich bei ihr immer weiß, woran ich bin. Habe ich dagegen den Eindruck, ein Opfer zu »benutzen«, bleibt immer ein unangenehmer Nachgeschmack zurück. Wenn wir die eigene Opferrolle abstreifen, heißt das immer auch, andere Menschen nicht zu Opfern zu machen.

Übung ☐ **Opferverhalten ändern**

Stellen Sie sich eine Situation vor, die Sie zum Opfer werden läßt.

1 Die Situation:

Notizen _____

_____

_____

_____

2 Beschreiben Sie Ihr Verhalten in dieser Situation:
  Ich verhalte mich wie ein Opfer, indem ich ...

Notizen _____

_____

_____

_____

3 Welche Gefühle empfinden Sie als Opfer?
  Ich fühle ...

Notizen _____

_____

_____

_____

4 Welche Gedanken haben Sie als Opfer?
Ich denke, daß ...

_____

_____

_____

_____

5 Welche Signale, ausgehend von Ihren momentanen Gedanken und Gefühlen, senden Sie an den Menschen, der Sie zum Opfer macht?
Ich zeige die folgenden Gedanken und Gefühle:

Notizen

_____

_____

_____

_____

Wichtige Fragen, die Sie sich stellen sollten

Fragen

- Stimmen Ihre wahren Gedanken und Gefühle mit den Signalen überein, die Sie Ihrem »Peiniger« übermitteln?
Das ist eine sehr wichtige Frage. Wenn Sie sie mit Nein beantworten, suchen Sie nach Gründen dafür.

- Warum zeigen Sie nicht Ihre wahren Bedürfnisse?

- Fürchten Sie sich vor den Folgen, wenn Sie die Wahrheit sagen?

- Was ist das Schlimmste, das passieren kann, wenn Sie zu sich selbst stehen?

- Können Sie die Verantwortung für sich selbst übernehmen, oder brauchen Sie jemanden, dem Sie die Schuld für das, was in Ihrem Leben passiert beziehungsweise nicht passiert, geben können?

- Ist es schwer, nein zu sagen?

- Warum ist das schwer? Fürchten Sie, nicht mehr gemocht zu werden, wenn Sie sich durchsetzen?

• Ist Ihnen die Meinung anderer Leute wichtiger als die eigene Lebensqualität?

Wenden Sie sich nun wieder Ihrer Opfer-Situation zu und schreiben Sie das Drehbuch um. Wie könnten Sie durch selbstsicheres Auftreten die Eintragung bei Punkt 2 der Übung verändern?

Ich verhalte mich in dieser Situation selbstsicher, indem ich ...

Notizen
_____

_____

_____

_____

Inwieweit beeinflußt diese neue Stellungnahme die Eintragungen bei den anderen Punkten? Führen Sie sich schließlich die umgeschriebene Szene vor Augen, betrachten Sie sich in Ihrer neuen Rolle und versuchen Sie so, richtig in die Haut Ihres neuen, selbstbewußten Ichs zu schlüpfen, eines Ichs, das hohe Selbstachtung besitzt. Sie können diese Übung immer dann machen, wenn es Ihnen schwerfällt, Ihre Bedürfnisse durchzusetzen. Mitunter kann es sehr schwierig sein, den wahren Grund für die Situation, in der man sich gerade befindet, zu erkennen; stellen Sie sich aber weiterhin diese wichtigen Fragen, und Ihnen wird alles klar werden.

Wenn Sie nun bei Punkt 5 der Meinung sind, daß Sie Ihre wahren Gedanken und Gefühle deutlich zum Ausdruck bringen – warum sind Sie dann immer noch in dieser Opfer-Situation? Will man Sie zum Opfer machen, und Sie zeigen Ihr deutliches Mißfallen, aber Ihr Peiniger ändert sein Verhalten nicht, dann gibt es nur zwei Möglichkeiten: bleiben und auf immer Opfer sein oder gehen.

Denken Sie stets daran, daß *Sie* selbst es zugelassen haben, daß man Sie zum Opfer gemacht hat. Dafür kann man keinem anderen die Schuld geben. Will man Sie zum Opfer degradieren, können Sie der betreffenden Person nahelegen, ihr Verhalten zu ändern; und wenn diese Person ihre Schikanier-Taktik beibehält, können Sie sie einfach stehenlassen. Wie auch immer, Sie haben alle Trümpfe in der Hand, Sie sind Herr oder Frau der Lage, Sie haben sich selbst behauptet, sich ein Gefühl für den eigenen Wert und hohe Selbstachtung verschafft.

Ihre gegenwärtige Opferhaltung hängt unweigerlich mit Verhaltensweisen zusammen, die Sie während frühester Kindheit in Ihrem unmittelbaren Umfeld wahrgenommen haben. Welche Reaktionen haben Sie von Ihren Eltern gelernt?

Das Verhalten der Eltern

◻ Übung

1 Denken Sie an Ihre Kindheit zurück. War das Verhalten Ihrer Mutter insgesamt mehr dem Opfer- oder dem Nicht-Opfer-Schema zuzurechnen? Mit welchen Worten würden Sie ihre Verhaltensweise kennzeichnen?

_____ **Notizen**

_____

_____

_____

2 Wie würden Sie das Verhalten Ihres Vaters beschreiben?

_____ **Notizen**

_____

_____

_____

Wie fühlen Sie sich während der Erinnerungsarbeit? Bereitete Ihnen das Verhalten Ihrer Eltern irgendwelche Probleme oder gar keine? Vielleicht fühlen Sie ein gewisses Unbehagen jetzt aufs neue. Denken Sie daran, daß Ihre Eltern stets ihr Bestes gegeben haben. Wir können nur das weitergeben, was wir selbst kennen. Und wenn wir nicht wissen, wie man sich selbstsicher verhält, dann können wir diese Information auch nicht vermitteln.

Und so geht das Verhaltensschema Opfer von einer Generation auf die andere über. *Sie können dieses Schema durchbrechen.* Verzeihen Sie Ihren Eltern, verzeihen Sie sich selbst, verzeihen Sie allen anderen, lassen Sie alle Vorwürfe fallen, übernehmen Sie die Verantwortung für Ihr eigenes Leben und geben Sie diese Erfahrung an die eigenen Kinder weiter. Opferverhalten bringt Opfer ohne Selbstachtung hervor. Selbstsicheres Verhalten schafft gegenseitigen Respekt und hohe Selbstachtung. Nur zu – durchbrechen Sie das alte Schema! Bauen Sie die Selbstachtung auf.

<u>Zweiter Teil</u> ## Aufbauprogramm Selbstachtung

Sich selbst vertrauen

Wesen der wahren Entdeckungsreise ist nicht die Suche nach neuen Landschaften, sondern die Erschließung neuer Sehweisen.

Marcel Proust

Die Fähigkeit, zu höherer Selbstachtung zu gelangen, hängt vom Ausmaß unseres Selbstvertrauens ab. Wenn wir uns selbst nicht vertrauen können, fehlt uns auch der Glaube an uns selbst, der ja das Fundament der Selbstachtung ist. Wenn ich an mich glaube, respektiere ich mich, ich habe Zutrauen und Zuversicht; all dies trägt dazu bei, daß das Beste, was das Leben zu bieten hat, für mich erreichbar wird. Wenn ich mir vertrauen kann, dann werden auch andere das Gefühl haben, daß sie mir vertrauen können. Wenn ich mir selbst mit Respekt begegne, dann ist mir auch die Achtung der anderen sicher.

Übung ▣ **Der Spiegeleffekt**

1 Denken Sie an eine Person, an die Sie glauben, einen Menschen, dem auch andere bereitwillig vertrauen. Welche Eigenschaften zeichnen diesen Menschen aus?

Notizen _____

_____

_____

_____

Welches Verhältnis hat diese Person wohl zu sich selbst?

Notizen _____

_____

_____

_____

2 Denken Sie jetzt an einen Menschen, zu dem Sie kein Vertrauen oder Zutrauen haben, auf den Sie absolut überhaupt

nicht bauen können. Welche Charaktereigenschaften besitzt diese Person?

_____ **Notizen**

_____

_____

_____

Welches Verhältnis hat diese Person wohl zu sich selbst?

_____ **Notizen**

_____

_____

_____

Menschen, denen wir vertrauen und die wir respektieren, stehen immer in einer vertrauens- und respektvollen Beziehung zu sich selbst. Einfacher ausgedrückt: Solche Menschen wissen sich zu schätzen. Schauen Sie sich ein Neugeborenes an: Eine Geburt ist ein Wunder! Menschen sind etwas Unglaubliches und Wundervolles. Sie selbst sind unglaublich und wundervoll! Sie waren einmal selbst ein solches Neugeborenes. Was ist geschehen, daß Ihr ursprüngliches Selbstwertgefühl derart schwinden konnte? Für diese Entwicklung gibt es allerdings keinen äußeren Anlaß: Was sich geändert hat, sind Ihre eigenen Wahrnehmungen. Selbstachtung beruht auf dem Glauben an die eigene Person, und dieser Glaube verlangt, daß wir uns selbst vertrauen. Achten Sie einmal auf das bedingungslose Vertrauen, das aus den Augen eines Kleinkindes spricht!

Das Leben ist wie ein Spiegel, es reflektiert unsere innersten Gedanken, Überzeugungen, Wahrnehmungen und Erwartungen.

3 Was können Sie aus Ihrem Leben zur Zeit für sich ablesen?

_____ **Notizen**

_____

_____

_____

Wenn Sie glauben, daß Sie nicht liebenswert sind, werden Ihre Beziehungen diese Überzeugung widerspiegeln. Wenn Sie das Gefühl haben, daß Sie die besten Dinge im Leben nicht verdienen, werden Sie sie auch ganz bestimmt nicht bekommen. Vielleicht glauben Sie ja, daß Ihnen etwas Bestimmtes »einfach nicht zusteht«?

Wie können Sie sich selbst vertrauen, wenn Sie sich für so unwürdig halten?

Ihre Lebensqualität hängt einzig und allein davon ab, in welchem Verhältnis Sie zu sich selbst stehen.

Nehmen Sie sich nun die folgende Checkliste vor.

Checkliste ◻ **Vertrauen**

	Ja — Nein	
Ich glaube an mich selbst.	○	○
Ich weiß gewöhnlich, wie ich mich zu verhalten habe.	○	○
Ich vertraue auf meine Intuition.	○	○
Ich gebe immer mein Bestes.	○	○
Ich lerne aus meinen Fehlern.	○	○
Ich fühle mich geborgen.	○	○
Die ganze Schöpfung trägt mich.	○	○

Glauben Sie, daß diese Aussagen auf Sie zutreffen? Die Art und Weise, wie wir von uns selbst und der Welt denken, haben wir uns zum großen Teil in früher Kindheit bereits angeeignet. Wenn Sie Ihre ersten Lebensjahre rundum gut versorgt und gefördert wurden (physisch, geistig, emotional und seelisch), werden Sie auch als Erwachsener aus einem tief verwurzelten Gefühl der Geborgenheit schöpfen können.

Wenn es Ihnen während Ihrer Kindheit aber aus irgendeinem Grund an Liebe, Fürsorge und positiver Zuwendung fehlte, dann fällt es Ihnen wahrscheinlich schwer, folgende Sätze auszusprechen – und auch zu glauben: »Ich bin geborgen« oder »Die ganze Schöpfung trägt mich.«

Übung ◻ **Checkliste Vertrauen**

Führen Sie sich die Checkliste noch einmal vor Augen und denken Sie über Ihre Wahl nach.

1 Warum haben Sie sich so entschieden?

_____ **Notizen**

_____

_____

_____

2 Was glauben Sie nur widerstrebend und warum?

_____ **Notizen**

_____

_____

_____

3 Was glauben Sie ohne weiteres und warum?

_____ **Notizen**

_____

_____

_____

Positive Selbsteinschätzung setzt voraus, daß wir uns und unserer Welt _vertrauen_. Vertrauen ist ein großes Wort: Es schließt die Bereitschaft mit ein, der gesamten Schöpfung auf einer sehr tiefen Persönlichkeitsebene positiv zu begegnen. Es verlangt eine äußerst innige Beziehung zu unserem Seelenleben. Wie können wir innere Stabilität erlangen? Wo können wir ansetzen?

Auf die eigene Intuition vertrauen

Können Sie auf Ihre Intuition vertrauen? Wissen Sie überhaupt, was das ist und wo es zu finden ist?

Eines der größten Geschenke, das wir unseren Kindern mitgeben können, ist das Wissen, daß sie nur in ihr Inneres blicken müssen, um ihre Probleme zu lösen. Wer von uns wurde dazu ermutigt, in sich selbst nach Antworten zu suchen? Hat man Ihnen je beigebracht, auf den sechsten Sinn zu hören, oder wurde Ihnen stets gesagt, Sie sollten alles logisch durchdenken?

Unsere Kräfte
müssen im Gleich-
gewicht sein.

Unser intuitives Bewußtsein bildet eine Brücke zwischen der physischen und der seelischen Welt. Wir sind mehr als Verstand, Körper und Gefühle. Wir besitzen eine seelische Dimension, die uns
mit der übrigen Schöpfung verbindet. Unsere physischen, geistigen, emotionalen und seelischen Kräfte müssen im Gleichgewicht
sein, damit wir uns als ganz, geborgen und im Einklang empfinden können. Wenn sich unsere Energien im Lot befinden, fühlen
wir, daß wir aus unserer Mitte heraus und bewußt leben. Wir können unsere kreativen Möglichkeiten umsetzen und unseren ureigenen Wert erkennen. Wir empfinden unsere Selbstachtung als
hoch.

Intuition ist nicht logisch, nicht vernünftig und nicht berechenbar.
Ihre Intuition hat sich eingeschaltet, wenn sie bei irgend etwas »so
eine bestimmte Ahnung« haben, wenn Sie »wissen«, daß etwas
wahr ist, selbst wenn Ihnen dazu keine näheren Fakten bekannt
sind. Haben Sie nicht eben noch an einen Freund gedacht und ihn
dann zufällig getroffen, oder er hat Sie angerufen? Hier war Ihre
Intuition am Werk. Wie war das denn damals, als Sie sämtliche alten Pläne über den Haufen warfen und spontan etwas ganz anderes taten? Der Mensch lebt nicht vom Verstand allein. Diese Welt
wäre ein reichlich öder Platz, wenn ständig nur der Kopf das Sa-

gen hätte. Aber den meisten von uns wurde beigebracht, nur den Gott des Verstandes anzubeten, und darum müssen wir bewußt an uns arbeiten, damit auch die Göttin der Intuition wieder zu uns spricht.

Wenn wir ausschließlich in einer Welt des Verstandes leben, geraten unsere Kräfte aus dem Gleichgewicht. Unsere natürliche Kreativität gerät ins Stocken, wir fühlen uns unwohl in der eigenen Haut, und unsere Selbstachtung ist niedrig. Wenn wir andererseits ausschließlich in der Welt der Intuition leben, geht gar nichts mehr von der Hand; das Leben verliert sich in Träumereien: Unsere Energien sind aus dem Lot, wir fühlen uns unwohl in unserer Haut – die Selbstachtung ist am Boden.

Harmonie, Kreativität und hohe Selbstachtung erreichen wir nur, indem wir Intuition und Intellekt behutsam ausbalancieren. Um diese Balance zu erreichen, müssen wir lernen, die Stimme der Intuition ernst zu nehmen – die Stimme des Intellekts kennen wir ja schon nur zu gut. Und Intuition kultivieren wir, indem wir auf sie hören.

Die Stimme der Intuition   ▫ Übung

Setzen Sie sich bequem hin und atmen Sie einige Male tief durch. Entspannen Sie Ihren Körper und Ihren Geist. Richten Sie Ihre Gedanken ganz gezielt auf die Intuition.

1 Welche Gefühle verbinden Sie mit Ihrer Intuition?

_____   **Notizen**

_____

_____

_____

2 Haben diese Gefühle einen zustimmenden oder abwehrenden
   Charakter (oder einen ganz anderen)?

_____   **Notizen**

_____

_____

_____

3 Denken Sie an drei Gelegenheiten zurück, als Sie Ihrer Intuition folgten und alles gut ausging.

Notizen _____

_____

_____

_____

4 Schreiben Sie drei Dinge auf, die Ihnen Ihre innere Stimme schon seit einiger Zeit nahelegt. Das sind vielleicht nur unbedeutende Angelegenheiten (z.B.: »Schreib diesen Brief«, »Lies dieses Buch«), oder es handelt sich um Wichtigeres (z.B.: »Zieh in eine andere Wohnung«, »Mach Schluß mit dieser Beziehung« usw.).

Notizen _____

_____

_____

_____

5 Warum sind Sie den Impulsen Ihrer Intuition nicht gefolgt?

Notizen _____

_____

_____

_____

Die Intuition spricht in Form von Bedürfnissen, Gefühlen und plötzlich aufblitzenden Einsichten zu uns. Um sie vernehmen zu können, müssen wir in unsere Innenwelt der Gedanken und Gefühle hineinlauschen. Die Intuition zieht uns immer zu den Dingen hin, die uns Kraft geben und die Kreativität fördern. Welche Art von Zukunft wünschen Sie sich für sich selbst? Möchten Sie etwas ganz anderes machen? Vielleicht sehnen Sie sich danach, Ihr Leben irgendwie umzugestalten, aber Sie erfinden immer wieder Ausreden, die Sie dann doch davon abhalten. Möglicherweise haben Sie Angst davor, Ihrer Intuition zu folgen, weil das Veränderungen und ein gewisses Risiko mit sich bringen würde.

Wenn Sie die Stimme der Intuition verleugnen, werden Sie nie die Freiheit besitzen, Ihre kreativen Möglichkeiten umzusetzen; Sie werden sich nie ausgeglichen und »ganz« fühlen; Sie werden nie über eine hohe Selbstachtung und über Selbstbewußtsein verfügen.

Lauschen nach innen

Nehmen Sie sich jeden Tag Zeit, und wenn es nur ein paar Minuten sind, um auf Ihre Intuition zu hören. Suchen Sie sich einen ruhigen Platz, schließen Sie die Augen und entspannen Sie Ihren Körper. Atmen Sie ein paarmal tief durch und entspannen Sie Ihren Geist. Wenn Sie merken, daß Sie durch Gedanken abgelenkt werden, registrieren Sie diese, aber lassen Sie sich nicht weiter auf sie ein. Konzentrieren Sie sich wieder auf die Atmung.

In diesem entspannten und ruhigen Zustand können Sie nun Ihre Intuition zu Wort kommen lassen. Vielleicht nehmen Sie Ihre innere Stimme sofort wahr, vielleicht auch nicht. Wir haben alle einen unterschiedlichen Zugang zu unseren seelischen Kräften und sind alle einzigartig in unseren Wahrnehmungsweisen. Vielleicht überkommen Sie starke Emotionen, vielleicht auch nicht. Die Intuition wird Sie auf ihre ganz eigene Weise leiten. Bei dieser Übung können Sie nichts richtig oder falsch machen. Sie müssen einfach regelmäßig üben, dann wird sie Ihnen zunehmend leichter fallen.

Der wichtigste Aspekt dieser Übung besteht aber in dem entschiedenen Vorsatz, den Zugang zur eigenen Intuition auch wirklich finden zu wollen.

□ **Entspannungs-
übung**

....

Ich vertraue auf meine Intuition.   **Merksatz**

....

- Sagen Sie sich diesen Merksatz vor, wann immer Sie Gelegenheit dazu haben. Er wird Ihren Glauben an sich selbst, Ihr Selbstvertrauen und Ihr Selbstbewußtsein stärken.

Sollten Sie vorher noch nie mit positiven Merksätzen gearbeitet haben, fällt es Ihnen möglicherweise schwer, unterstützende Aussagen zu formulieren. Es kann sein, daß Sie sich albern vorkommen oder daß Sie Skrupel haben, etwas auszusprechen, was Sie für unzutreffend halten. Aber genau das ist der Punkt bei diesen

Sätzen. Wir sollten sie uns immer wieder vorsagen, damit wir dadurch *unsere negative Meinung über uns selbst ändern.*

Wenn ich nicht auf meine Intuition vertraue, dann deshalb, weil ich nicht gelernt habe, auf ihre Botschaften zu hören. Wir wissen, wie wichtig es ist, Verstand und Intuition in Einklang zu bringen – daher die Übungen, die uns helfen sollen, die Stimme der Intuition zu vernehmen.

Wenn ich gelernt habe, meinen Eingebungen zu mißtrauen, dann habe ich (vielleicht unbewußt) viele negative Merksätze formuliert, z.B.: »Ich habe keine Intuition. Wie kann ich an etwas glauben, was ich nicht sehen kann? Man hat mir immer gesagt, daß ich die Tagträumerei lassen soll. Hirngespinste bringen doch nichts. Ich traue mir nicht zu, herauszufinden, was wahr ist.« Durch alle diese negativen Aussagen erfahre ich keine Unterstützung.

Wenn ich mir selbst nicht vertrauen kann, wem dann überhaupt? Ohne Selbstvertrauen ist diese Welt ein furchteinflößender Ort. Glaube ich nicht an mich selbst, wird mein Selbstbewußtsein immer niedrig sein und mein ganzes Leben zu einem entsetzlichen Kampf ausarten. Warum soll ich so weitermachen? Es gibt doch einen besseren Weg. Ich kann meine Überzeugungen ändern, einen Sprung ins Ungewisse wagen und etwas Neues versuchen. Was habe ich schon zu verlieren? Aber so viel zu gewinnen!

- Bringen Sie Ihre Zweifel zum Verstummen, und wenn es nur für ein paar Minuten am Tag ist. Nehmen Sie sich die Zeit für den Merksatz: »Ich vertraue auf meine Intuition.«

- Machen Sie die Entspannungsübung samt Merksatz eine Woche lang. Wenn Sie sich dabei wohl fühlen, machen Sie einfach weiter!

Tauschen Sie die negativen, Ihrer Selbstachtung abträglichen Überzeugungen gegen positive aus, die Ihre Selbstachtung stützen.

Sie haben alles zu gewinnen. Ihr Leben wartet nur darauf, von Ihnen in vollen Zügen genossen zu werden.

Das Seelenleben zur Entfaltung bringen

Wir lernen, unser intuitives Wissen zu entwickeln, und werden uns dadurch der seelischen Seite des Daseins stärker bewußt. Wir sind physische, geistige, emotionale und seelische Wesen. Diese Bestandteile unseres Selbst sind in Wirklichkeit nicht getrennt voneinander – sie stellen ein organisches Ganzes dar und beeinflussen sich gegenseitig. Um ein erfülltes, befriedigendes und kreatives Leben führen zu können, müssen wir einen Bezug zu allen Aspekten des Selbst haben. Nur wenn die Energien ungehindert zwischen den physischen, geistigen, emotionalen und seelischen Teilen fließen können, wird unsere Welterfahrung harmonisch und unsere Selbstachtung hoch sein.

Wir sind alle verschieden. Was dem einen leichtfällt, macht dem anderen Kopfzerbrechen. Wir besitzen alle verschiedene Fähigkeiten und Stärken, und jedem bereiten andere Dinge Probleme. Manchen Menschen fällt es besonders leicht, sich in der physischen Welt zurechtzufinden; sie sind gut im *Tun*, in der Praxis. Andere haben es da schwerer, sie sind weniger handlungsorientiert, haben womöglich einen besseren Zugang zur inneren Wahrnehmung; solche Menschen sind vielleicht gut im *Sein*.

Man könnte sagen, unser Leben schließt beide Bereiche, sowohl das Sein wie das Tun, in sich ein.

- *Tun* beschreibt die Aktivität in der Welt *draußen*.
- *Sein* meint die Wahrnehmung *innerhalb* der Persönlichkeit.

Wie wir gesehen haben, setzt eine hohe Selbstachtung voraus, daß wir alle Seiten unseres Wesens in Einklang bringen, und das schließt auch unser Sein und Tun ein. Viele von uns aber sind einseitig auf den einen oder anderen Aspekt fixiert, also in gewisser Weise aus dem Gleichgewicht geraten. Die Folge: das Selbstbewußtsein leidet darunter. Welchem Extrem neigen Sie zu? Beantworten Sie dazu den Fragebogen auf der folgenden Seite.

Fragebogen ▣ **Sein und Tun**

	Ja — Nein	
1 Ich muß ständig auf Achse sein.	○	○
2 Ich habe oft Schlafstörungen.	○	○
3 Ich habe Angst davor, Neues auszuprobieren.	○	○
4 Ich leide unter Streß.	○	○
5 Ich bin anderen gegenüber überempfindlich.	○	○
6 Ich finde alltägliche Angelegenheiten bedrohlich.	○	○
7 Ich bin schüchtern.	○	○
8 Die Leute halten mich für aggressiv.	○	○
9 Ich kann nur schwer Beziehungen eingehen.	○	○
10 Ich bin gehemmt.	○	○
11 Ich bin ein zwanghafter Listenschreiber.	○	○
12 Ich merke, daß ich mich oft in mich selbst zurückziehe.	○	○
13 Ich möchte immer Herr der Lage sein.	○	○
14 Ich bin etwas zappelig.	○	○
15 Die Leute halten mich für einen passiven Menschen.	○	○
16 Ich kann nicht gut mit Geld umgehen.	○	○

Wenn Sie einige dieser Aussagen mit Ja beantwortet haben, dann neigen Sie entweder in Ihrem Sein oder in Ihrem Tun zum Extremen. Wozu tendieren Sie, wenn Sie unter Druck stehen? Versuchen Sie sich vor der Welt zu verstecken, indem Sie sich zurückziehen (ein »Extremist« im Sein), oder flüchten Sie in übertriebenen Aktivismus (ein extremer Tuer). Wir alle neigen zur einen oder anderen Übertreibung, wenn wir unter Streß stehen.

Daran ist nichts auszusetzen, aber es kann interessant sein herauszufinden, welcher Richtung wir zuneigen. Jedes Verhaltensextrem untergräbt letztlich unser Selbstbewußtsein. Der Schlüssel liegt in der Ausgewogenheit, und wenn sich unser Tun und unser Sein die Waage halten, erreichen wir eine ausgeglichene Mischung von »innerer« und »äußerer« Aktivität.

Der folgende Fragebogen hilft Ihnen dabei, herausfinden, wo und wie Sie ein Gleichgewicht zwischen Sein und Tun herstellen können.

Sein und Tun in Balance

	Ja	Nein
1 Ich organisiere gern.	○	○
2 Ich gehe ungezwungen mit anderen Menschen um.	○	○
3 Ich kann mich entspannen.	○	○
4 Ich besitze Einfühlungsvermögen.	○	○
5 Ich scheue mich nicht davor, etwas Neues auszuprobieren.	○	○
6 Ich bin gerne gut zu mir selbst.	○	○
7 Ich mag meine Arbeit.	○	○
8 Ich genieße die kleinen Freuden des Lebens.	○	○
9 Es fällt mir leicht, Beziehungen einzugehen.	○	○
10 Ich mag es, mich mit mir selbst zu beschäftigen.	○	○
11 Der Umgang mit Gelddingen macht mir nichts aus.	○	○
12 Ich kann meine Gefühle ausdrücken.	○	○

Wenn Sie nun bestimmte Aussagen mit Ja beantwortet haben, dann weist das auf die Lebensbereiche hin, in denen Sie ein Gleichgewicht erlangt haben und großes Selbstbewußtsein besitzen. Sollten Sie alle Fragen mit Nein beantwortet haben: Kopf hoch – noch ist nicht alles verloren. Wir alle können unser Sein und Tun ins Gleichgewicht bringen, indem wir unsere seelische Wahrnehmung entfalten.

Ihre innere Wahrnehmung

Wenn wir von unserer seelischen Existenz reden, sprechen wir hauptsächlich von unserer inneren Wahrnehmung. Wir müssen uns fragen:

- Welche Art von Beziehung habe ich zu mir selbst?
- Wie kann ich mein inneres Wesen kennenlernen?
- Wie kann ich meinen inneren Bedürfnissen gerecht werden?

Die entscheidende Frage vor dem ersten Schritt zu dieser Reise in Ihr Inneres lautet: Halten Sie es für gerechtfertigt, daß Sie eine bestimmte Zeit ausschließlich Ihren eigenen Bedürfnissen widmen?

Übung ▢ **Sich etwas verdienen**

1 Was haben Sie verdient?

Notizen _____

_____

_____

_____

Glauben Sie, daß Sie es verdient haben, Ihre Träume zu verwirklichen? Haben Sie Anspruch auf das Beste, was das Leben zu bieten hat? Glauben Sie, daß Ihnen nicht sehr viel zusteht?

2 Warum sind Sie ein Mensch, der etwas verdient hat?
   oder
   Warum sind Sie ein Mensch, der nichts verdient hat?

Beantworten Sie die Frage, die auf Sie zutrifft.

Notizen _____

_____

_____

_____

Nehmen Sie die Antworten darauf, was Ihnen Ihrer Meinung nach zusteht, gründlich unter die Lupe. Woher stammen diese Ansichten? Was sagten Ihre Eltern, was Sie verdient hätten? Eins hinter die Ohren oder eine Gardinenpredigt? Was haben sich Ihre Eltern selbst zugestanden? Hatten Ihre Eltern das Gefühl, daß sie auf die guten Dinge des Lebens Anspruch hätten? Vielleicht waren sie vom Leben enttäuscht, vielleicht mußten sie das Gefühl haben, daß sie nicht bekommen hätten, was sie verdienten. Denken Sie über all die »Verdienst«-Botschaften nach, die Sie möglicherweise in sich aufgenommen haben, egal, ob sie Ihnen gegenüber laut ausgesprochen oder auf subtilere Weise übermittelt wurden.

....

Merksatz Ich vertraue mir und respektiere mich selbst – ich verdiene es, meine inneren Bedürfnisse zu befriedigen.

....

● Wiederholen Sie diesen Merksatz immer wieder. Singen Sie ihn, schreien Sie ihn heraus, schauen Sie in den Spiegel und sagen Sie ihn sich vor. Dieser Merksatz unterstützt Ihre Selbstachtung und bestärkt Sie im Glauben an Ihre grundsätzliche »Verdienst-würdigkeit«. Wenn Sie ihn sich nur oft genug vorsagen, wird er nach und nach sämtliche »Nicht-verdient«-Botschaften, die in Ihrem Kopf herumspuken, verdrängen.

Wenn wir fest davon überzeugt sind, daß uns Zeit für uns selbst zusteht, dann befinden wir uns bereits auf der inneren Reise. Wir können jetzt zugeben, daß wir innere Bedürfnisse besitzen, und wir können anfangen, ihnen gerecht zu werden.

Seelennahrung

Es gibt die Möglichkeit, unsere materiellen Bedürfnisse zu befrie-digen, indem wir uns draußen in der Welt dem Tun widmen. Und tatsächlich verbringen wir einen Großteil unseres Daseins mit der Jagd nach den guten Dingen des Lebens. Doch damit werden wir nie zu einem Ende kommen, denn je mehr wir haben, desto mehr wollen wir. Die materielle Welt allein kann niemals alle unsere Be-dürfnisse befriedigen, wir brauchen auch Nahrung seelischer Art.

Die seelische Dimension ist schwer zu erklären und unmöglich zu definieren. Ich kann nur versuchen, die Gefühle zu beschrei-ben, die mit einer seelisch-spirituellen Erfahrung einhergehen, und hoffen, daß Sie nachvollziehen können, worauf ich hinauswill.

Wenn wir mit der seelischen Dimension unseres Wesens verbun-den sind, erfahren wir ein Gefühl des Einsseins mit dem ganzen Universum. Diese Verbindung kann auf verschiedene Art und Wei-se zustandekommen. Jeder Anlaß, bei dem sich unser Geist vollkommen sammelt, kann dieses Gefühl hervorrufen. Manchmal kann uns eine Le-benskrise in eine ganz neue Wahrnehmung der Welt katapultieren. Unsere Vorstellungen können sich durch eine extreme Erfahrung ändern, und wir werden über die Grenzen unserer normalen Sinneswahrnehmung »hinausgeschoben«. Viel-leicht ist Ihnen das ja bereits in einem Fall pas-siert?

Ist Ihnen schon einmal aufgefallen, wie die Stunden dahinrasen, wenn Sie sich in einer Tätig-

Das Gefühl des Einsseins mit dem Universum ist er-reichbar.

keit »verlieren«, die Ihre ganze Konzentration erfordert? Vielleicht haben Sie sich in einem Musikstück oder in der Schönheit der Natur vergessen. Was auch immer der Auslöser dafür gewesen sein mag, gemeinsam ist solchen Erfahrungen das »Verlieren« unserer alten Wahrnehmungen, das Erkennen neuer Verknüpfungen und die Erfahrung eines Einsseins – all dies geht über rein geistige Tätigkeit hinaus. Wenn der Geist sich sammelt und still wird, wenn sich das innere Stimmengewirr legt, dann können wir unsere seelische Aktivität wahrnehmen.

Wie wir gesehen haben, kann das einfach so passieren. Unser Bewußtsein kann sich verschieben, wenn etwas geschieht, was uns aus den gewohnten Erfahrungen herauszieht. Wir können diese Verschiebung aber auch bewußt herbeiführen, indem wir bestimmte Methoden anwenden, die den Geist ruhigstellen. Manche Menschen vermögen dies durch eine entspannende Betätigung, sie hören Musik oder spielen, gehen spazieren, tanzen, malen oder zeichnen, sticken ...

Kennen Sie eine beruhigende Tätigkeit, die Ihnen hilft, den Geist zu entspannen und zur Ruhe zu bringen?

Haben Sie Zeit, sich zu entspannen?

Haben Sie *Ich-Zeiten?*

Ich-Zeiten einräumen

Ich-Zeiten sind ausschließlich für Sie selbst da; auch wenn Sie diese »Auszeit« vielleicht mit anderen Menschen verbringen wollen, ist sie nicht *für* andere gedacht, sondern nur für Sie. Die folgende Übung vermittelt Ihnen eine genauere Vorstellung von dieser ganz persönlichen Zeit.

Übung 🔲 **Ich-Zeiten**

1 Räumen Sie sich jeden Tag eine Ich-Zeit ein? _____

2 Wenn nein, warum nicht?

Notizen _____

_____

_____

_____

3 Glauben Sie, Sie haben Ich-Zeiten verdient? _____

4 Wenn nein, warum nicht?

_____ **Notizen**

_____

_____

_____

Schauen Sie sich die Antworten zu den Fragen 2 und 4 genau an. Was können Sie aus ihnen schließen?

Wenn es Ihnen schwerfällt, sich Zeit für sich selbst zu nehmen, dann versuchen Sie sich zunächst im Verlauf einer Woche jeden Tag ein wenig Zeit zu gönnen (und wenn es nur ein paar Minuten sind, in denen Sie meinetwegen einfach Löcher in die Luft starren). Ihre Erfahrungen können Sie in der Tabelle auf Seite 82 festhalten.

Was verrät Ihnen die Übersicht über Ihre Einstellung zu Ich-Zeiten?

Manche Menschen geben an, daß sie sich schuldig beziehungsweise selbstsüchtig fühlen, daß sie nichts mit sich anzufangen wissen, daß sie einfach keine Zeit dafür haben usw.

Wenn Sie keine Zeit für sich selbst haben, wer soll dann Zeit für Sie finden?

5 Wenn Sie sich schuldig fühlen, dann wem gegenüber und weshalb?

_____ **Notizen**

_____

_____

_____

Nehmen Sie die Beziehung(en) zu dieser Person/diesen Personen gründlich unter die Lupe.

Tabelle 🔲 **Ich-Zeiten**

Wann?	Wo?	Wie lange?	Wie fühlte ich mich?	Was habe ich gemacht?
Montag				
Dienstag				
Mittwoch				
Donnerstag				
Freitag				
Samstag				
Sonntag				

Mit dieser Übung haben wesentlich mehr Frauen als Männer Probleme. Die wichtige weibliche »Tugend« der Fürsorglichkeit bringt Frauen gerade in Beziehungen und zumal in Familienbeziehungen oft in eine Zwickmühle. Ich möchte dazu meinen männlichen wie weiblichen Lesern folgendes zu bedenken geben:

Denk daran, daß du als erster aus der Quelle schöpfen mußt, um dich zu stärken und dir das Deine zu geben. Danach bleibt noch mehr als genug, um andere damit zu nähren.

Ralph Blum, *Buch der Runen*

Es ist sehr wichtig, sich Zeit für sich selbst zu nehmen. Wenn Sie die seelische Dimension Ihrer Persönlichkeit entwickeln wollen, dann ist es absolut unerläßlich, daß Sie sich regelmäßig Zeit für entsprechende Beschäftigungen nehmen. Sowie Sie Raum finden, sich zu entspannen und Dinge nur für sich selbst zu tun, werden Sie sich der seelisch-spirituellen Seite Ihres Daseins mehr und mehr bewußt. Indem Sie sich seelisch fortentwickeln, bringen Sie auch Ihr Sein und Tun ins Gleichgewicht. Dieses Gleichgewicht wird Ihre Selbstachtung vergrößern und Ihre Beziehung zu sich selbst und anderen verbessern. Selbst wenn es Ihnen schwerfällt, sich Ich-Zeiten zu gönnen, geben Sie nicht auf. Nehmen Sie sich jeden Tag ein bißchen mehr Zeit, und ehe Sie sichs versehen, können Sie sich ein Leben »ohne« gar nicht mehr vorstellen.

Eine seelisch-spirituelle Erfahrung

Wir können eine Verbindung unserer seelischen Energie mit der des Universums selbst herbeiführen. Die Intensität dieser Erfahrung geht über die bloße Entspannung von Geist, Körper und Seele hinaus. Sie führt uns an einen Ort in der Tiefe unseres Selbst, an dem wir unserem wahren seelischen Wesenskern begegnen können. Diese Kontaktaufnahme läßt sich durch unterschiedliche Techniken bewerkstelligen. Übungen, die den Geist ruhigstellen – wie Yoga und Tai Chi –, können unsere seelischen Augen öffnen. Meditationstechniken können uns mit der kosmischen Energie verbinden, wobei aber gerade die Meditation für viele etwas Abschreckendes besitzt. Sollten Sie Schwierigkeiten haben, zu Ihren Seelenkräften Zugang zu finden, schlage ich Ihnen folgende einfache, aber äußerst wirkungsvolle Methode in drei Schritten vor.

Wie viele »Ichs« gibt es in Ihrem Inneren? Wie viele verschiedene Gemütszustände haben Sie heute durchlebt? (Ich war gereizt/ nachdenklich/glücklich/erleichtert/besorgt/hungrig/durstig/lustig/ emotional/entschlossen/zufrieden/ärgerlich/rücksichtsvoll ... und so endlos fort.) ◻ **Schritt 1**

   Wir alle spielen viele Rollen, und das, was Sie ausmacht, ändert sich im Laufe eines Tages fortwährend.

1 Wie viele Ichs waren Sie heute?

_____ **Notizen**

_____

_____

_____

Sobald wir uns dieser zahlreichen Seinszustände bewußt werden, sehen wir uns in einem neuen Licht. Wenn wir uns auf diese Weise nicht mehr mit unseren Gedanken identifizieren, können wir einen kleinen Urlaub von uns selbst nehmen.

2 Haben Sie jemals etwas getan, was Sie sich nicht verzeihen können? Wenn ja, was war das?

Notizen _____

_____

_____

_____

Das Ich, das dies angerichtet hat, ist nur eines Ihrer vielen Gesichter. Sie haben also einen Fehler gemacht und bezahlen wieder und wieder dafür. Manchmal lassen Sie sogar zu, daß eines der Ichs Ihr übriges Leben ruiniert. Betrachten Sie die Dinge ein wenig nüchterner, machen Sie Urlaub von sich selbst.

Die Techniken, die wir für Schritt 1 verwenden, sind *Selbst-Erinnern* und *Selbst-Zeuge-Sein*. Wenn wir das Selbst-Erinnern anwenden, werden wir zu Zeugen unseres täglichen Lebens. Der Zeuge beobachtet alles, was wir tun, fällt aber keine Urteile. Der Zeuge sorgt für einen objektiven Zustand, in dem die Dinge weder gut noch schlecht sind, sie sind einfach.

Beispiel ▣ Sie haben einem anderen Menschen gegenüber die Beherrschung verloren und machen sich Vorwürfe. Wenn Sie nun Ihren Zeugen aufrufen, erhalten Sie einen leidenschaftslosen Bericht:

A *Sie/Er verliert die Beherrschung.*
B *Sie/Er macht sich Vorwürfe, weil sie/er die Beherrschung verloren hat.*

Der Zeuge ist an Ihren Handlungen emotional unbeteiligt, er nimmt nur zur Kenntnis, was Sie tun.

Legen Sie nun das Buch weg, widmen Sie sich irgendwelchen Alltagsdingen und werden Sie Zeuge Ihrer Gedanken und Handlungen. Am Anfang müssen Sie sich vielleicht alles laut vorsagen. Zum Beispiel: »Ich gehe in die Küche; ich habe Durst; ich mache mir eine Tasse Tee ...« Nehmen Sie sich ungefähr 15 Minuten Zeit für Ihre Zeugentätigkeit.

3 Wie fanden Sie das Zeuge-Sein? War es leicht oder schwer? Haben Sie vergessen, daß Sie Zeuge sein wollten? Hat es Ihnen Spaß gemacht? Fanden Sie es ein wenig seltsam?

_____ **Notizen**

_____

_____

_____

4 Üben Sie das Zeuge-Sein im Alltagsleben. Probieren Sie es immer und überall aus. Keiner kann Ihnen ansehen, was Sie tun, und je mehr Sie üben, desto leichter fällt es Ihnen. Ich übe es am liebsten im vollen Supermarkt, dadurch wird Einkaufen zu einer ganz besonderen Erfahrung.

Zunächst wird Ihnen die »Zeugentätigkeit« vielleicht einfacher vorkommen, wenn Sie emotional einigermaßen unbeteiligt sind. Haben Sie schon bemerkt, bei welchen Gelegenheiten Sie vergessen, daß Sie eigentlich Zeuge sein wollten? Das sind meistens Geschehnisse, in die Sie emotional »hineingezogen« werden.

Je öfter Sie diese Technik benutzen, desto wirkungsvoller wird sie. Sobald wir in die Zeugenrolle schlüpfen, schaffen wir eine ruhende Mitte in unserem Inneren. Diese Mitte ist ein Ort, an dem wir unsere Identifikation mit den diversen vorübergehenden Ich-Zuständen durchbrechen können; wir können uns über die materiellen und emotionalen Abhängigkeiten erheben und damit unsere wahre seelische Existenz erleben. Indem wir die seelische Dimension fortentwickeln, kommen Sein und Tun ins Gleichgewicht, und unser Selbstwertgefühl klettert in die Höhe.

Wenn Sie sich an die Technik des Zeuge-Seins gewöhnt haben, wird es Ihnen leichter fallen, schweigend mit sich selbst allein zu sein. Und dieser Vorgang des Alleinseins im eigenen Inneren ist schließlich das Entscheidende beim Meditieren.

Viele Menschen haben Probleme mit Meditationstechniken – oft, weil sie glauben, sie müßten stundenlang dasitzen und auf irgendeine mystische Erleuchtung warten. Für mich ist die Meditation aber eine sehr einfache und praktische Methode, um Zugang zu meiner seelischen Existenz zu bekommen. Diese Erfahrung ist nie so, wie ich es mir ausrechne, und vielleicht liegt darin gerade das Geheimnis – *keine Erwartungen zu haben.*

Schritt 2 ▣   Zunächst sollten Sie eine bequeme Sitzposition einnehmen und die Augen schließen. Damit werden Sie alle Ablenkungen von außen los. Schauen Sie Ihrem Geist bei der Arbeit zu, lassen Sie ihn einfach frei schweifen. Holen Sie den Zeugen herbei, damit er Ihre Gedanken beobachtet, und lassen Sie sie dann los. Diese Gedanken werden immer wieder auftauchen, versuchen Sie also nicht, sie aufzuhalten. Wenn Sie etwas fesselt, wird Ihnen das nach einer Weile bewußt werden, und der Zeuge kann aufzeichnen, was geschieht, und den Gedanken dann loslassen.

Es gibt keinen allein seligmachenden Weg zur seelischen Reife. Der wichtigste Faktor ist Ihre Absicht, sich auf diesem Gebiet weiterzuentwickeln. Selbstkritik wegen der Qualität Ihrer Erfahrung oder der Dauer der Meditation hilft Ihnen keinen Deut weiter. Seien Sie nachsichtig mit sich. Denken Sie daran, daß wir lernen, uns selbst zu lieben und zu schätzen; unser Ziel ist es nicht, uns selbst herunterzumachen. Jeder Augenblick, den Sie schweigend und allein damit zubringen, Gedanken und Gefühlen nachzuhängen, stellt einen wertvollen Augenblick dar. Langsam, aber stetig wird Ihr seelisches Dasein zur Blüte kommen, und Sie werden über Ihr reiches Innenleben staunen.

Beschäftigen Sie sich mit Schritt 2 eine Woche lang zehn Minuten am Tag und halten Sie fest, wie Sie vorankommen. Wenn Sie sich bei dem Erreichten wohl fühlen, können Sie sich für zehn Minuten am Tag mit Schritt 3 befassen, aber auch diese Sitzungen länger ausdehnen.

Schritt 3 ▣   Der Prozeß der seelischen Entfaltung wird fortgeführt. Nehmen Sie wieder die entspannte Sitzhaltung ein und lassen Sie Ihre Gedanken schweifen. Konzentrieren Sie sich auf den Rhythmus Ihrer Atmung. Folgen Sie dem Ein- und dann dem Ausatmen. Atmen Sie ganz bewußt. Beim Einatmen denken Sie nach »innen«, beim Ausatmen nach »außen«. Ein, aus, ein, aus. Immer wenn Ihr Geist abirrt, folgen Sie ihm, registrieren Sie, daß er abschweift, und achten Sie wieder auf Ihre Atmung. Ein, aus, ein, aus.

Werden Sie sich des Zwischenraums *zwischen* den Atemzügen bewußt – des Moments, wo Sie nicht einatmen und nicht ausatmen. Konzentrieren Sie sich auf diesen Zwischenraum. Achten Sie weiter auf den Atem, aber verlagern Sie Ihr Bewußtsein auf diesen Bereich zwischen dem Ein- und dem Ausatmen. Wenn Ihr Geist abschweift, folgen Sie ihm und kehren aber zum Ein- und Ausatmen zurück. Achten Sie zuerst auf das Einatmen und dann auf das Ausatmen, bis Sie wieder zu einem angenehmen Rhythmus gefunden haben. Richten Sie Ihre Aufmerksamkeit wieder auf den Raum zwischen den Atemzügen.

Üben Sie diese drei Schritte ein. Zum jeweils nächsten Schritt sollten Sie erst übergehen, wenn Sie mit dem gegenwärtigen völlig vertraut sind. Sprechen Sie sich ständig Mut zu. Denken Sie daran: Das wichtigste bei der Entwicklung des Selbst ist *in jedem Fall* die Stärke Ihres Vorsatzes. Wenn Sie Ihre seelische Dimension wirklich erweitern wollen, dann schaffen Sie das auch. Das Auslösen einer seelischen Erfahrung mit Hilfe dieser drei einfachen Schritte ist ein Aktionsprogramm, das Ihnen gute Dienste leisten wird, wenn Sie innerlich dazu bereit sind. Und daß Sie dazu bereit sind, merken Sie, sobald das Ganze anfängt, Ihnen Spaß zu machen.

Durch das bewußte Fortentwickeln unserer seelischen Dimension untermauern wir den Respekt gegenüber der eigenen Person. Wird die nach außen gerichtete Aktivität durch innere Wahrnehmung ergänzt, stehen Sein und Tun in einem harmonischen Verhältnis, und unser Selbstbewußtsein wird groß.

Der Weg zu größerer Selbsterkenntnis

In entscheidenden Momenten, wenn es im Leben nicht allzu gut läuft, merken wir oft, daß unsere Selbstachtung (wieder einmal!) auf der Kippe steht. Wir fühlen uns verletzlich, zurückgewiesen oder kritisiert ... Wie können wir nun dem Teufelskreis der negativen Selbsteinschätzung entkommen?

Wir können unsere Selbstachtung anwachsen lassen, indem wir uns in Tätigkeiten vertiefen, welche die Selbsterkenntnis vergrößern. *Wenn Ihre Selbstachtung am Boden ist, suchen Sie bei sich selbst nach Hilfe. Blicken Sie in Ihr Inneres, nicht nach außen. Das* kann zunächst recht schwierig sein. Wir sind es ja gewohnt, nach jemandem zu suchen, dem wir Vorwürfe machen können, wenn etwas schiefgeht. *Vorwürfe führen unweigerlich zu niedriger Selbstachtung.* Vorwürfe verbessern Ihre Lage nicht, denn sie entziehen Ihnen die Souveränität. Wenn Sie mir etwas vorwerfen, was Ihnen zugestoßen ist, dann haben Sie mir die Macht zugesprochen, Ihr Leben zu beeinflussen. Sie haben mir die Verantwortung für Ihre eigene Person übertragen, Sie sind zu einem Opfer geworden und dadurch, laut Definition, von niedriger Selbstachtung und geringem Selbstbewußtsein.

Haben Sie schon einmal Ihre Souveränität aufgegeben, weil Sie anderen Vorwürfe machten? Haben Sie Vorwürfe an die eigene Adresse und können Sie sich nicht verzeihen, dann haben Sie sich ebenfalls entmachtet. Fällt es Ihnen schwer, sich zu verzeihen?

Wenn Sie ganz bewußt Ihre Selbsterkenntnis erweitern, lernen Sie sich wirklich kennen, und Sie werden sich selbst der beste Freund. Wie gehen Sie mit Ihrem besten Freund um? Sie unterstützen ihn nach Kräften, hören sich seine Probleme an, verzeihen ihm, ermutigen ihn, haben Spaß zusammen, Sie sind für ihn da – in guten wie in schlechten Zeiten. Genauso sollten Sie sich selbst sehen. Behandeln Sie sich so gut wie Ihren besten Freund, und Ihre Beziehung zu sich selbst wird gedeihen. Immer wenn Sie etwas Neues über sich selbst herausfinden, gewinnen Sie tiefere Einsicht in Ihr wahres Innenleben. Selbsterkenntnis ist eine Tür zu Selbstachtung und Selbstbewußtsein, wie Abbildung 6 zeigt.

Abbildung 6
Bedeutung der
Selbsterkenntnis

| Niedrige Selbstachtung/niedriges Selbstbewußtsein | → | Mehr Selbsterkenntnis | → | Mehr Selbstachtung/mehr Selbstbewußtsein |

Gut zu sich selbst sein

Wollen sich zwei Menschen näher kennenlernen, muß zwischen ihnen zuerst eine gewisse Vertrauensbasis bestehen. Wir entwickeln dieses Vertrauen zum anderen, indem wir die Beziehung pflegen. Möchten wir uns selbst besser kennenlernen, müssen wir mit dem gleichen Engagement an diese aufkeimende Beziehung herangehen. Wenn ich anfange, mich schlecht zu behandeln, selbstkritisch und vorwurfsvoll zu werden, löst sich das Vertrauen in Nichts auf, und die Beziehung gerät ins Trudeln. Selbsterkenntnis verlangt eine gute Behandlung der eigenen Person.

Was bedeutet das nun, gut zu sich selbst sein? Überlegen Sie, wie Sie mit einem kleinen Kind umgehen würden. Wenn das Kind Hunger hat, füttern Sie es; wenn es weint, trösten Sie es; wenn es etwas falsch macht, verzeihen Sie ihm; wenn es hinfällt, stellen Sie es wieder auf seine Beine. Sie würden dieses Kind auf jede Weise fördern. Ist es einmal gestürzt, würden Sie es doch nicht anschreien. Läßt das Kind ein Spielzeug fallen, nörgeln Sie doch nicht an ihm herum. Ein Kind hat das Vorrecht, Fehler zu machen, denn nur so lernt es. Ein Kind entwickelt sich durch Liebe und Unterstützung; es entwickelt sich nicht, wenn es ständig ausgeschimpft wird. Natürlich sind Sie gut zu dem Kind; es ist nur ein Kind und verdient Ihre tätige Liebe und Fürsorge.

- Behandeln Sie sich selbst auch derart fürsorglich?   📮 **Fragen**
- Lieben und pflegen Sie sich selbst?
- Helfen Sie sich selbst auf die Beine, wenn Sie hinfallen, und trösten Sie sich selbst, wenn Sie traurig sind?
- Verzeihen Sie sich, wenn Sie einen Fehler machen?

Sollten Sie dies alles mit Ja beantworten können, dann wissen Sie, wie man gut zu sich selbst ist. Sie sind sich selbst der beste Freund. Sie besitzen eine Menge Selbsterkenntnis und Selbstachtung.

Wir alle brauchen Ermutigung.

Ich glaube allerdings nicht, daß Sie immer so liebevoll mit sich umgehen. Es fällt uns oft schwer, uns gern zu haben, es ist häufig viel einfacher, selbstkritisch zu sein. Vielleicht sind Sie ungehalten über sich, weil Sie nicht »gut genug« scheinen. Gut genug wofür? Gut genug für wen? Vielleicht finden Sie, daß Sie nicht perfekt sind, und werfen sich all Ihre Unvollkommenheiten vor. Wir neigen dazu, mit uns zu sprechen, wie andere in der frühen Kindheit mit uns gesprochen haben. Bringt es etwas, uns selbst wegen Unzulänglichkeiten, Fehlern oder Unfähigkeit niederzumachen? Wenn wir kleinen Kindern beim Lernen helfen, ermutigen und unterstützen wir sie doch bei ihren Anstrengungen. Wir alle brau-

chen Ermutigung: Wir können nicht lernen und uns weiterentwickeln, wenn wir uns nicht bestärkt fühlen.

Geben Sie sich eine Chance: Hören Sie auf, an sich herumzukritteln. Erkennen Sie Ihre Originalität an und genießen Sie Ihre Einzigartigkeit. Entdecken Sie das Kind in sich und lernen Sie, auch einmal sich selbst gegenüber ein Auge zuzudrücken. Wenn Sie sich besser kennenlernen und Gefallen an sich selbst finden, sorgen Sie für Zuwachs an Selbstachtung und werden selbstbewußt.

Checkliste ▣ **Lernen Sie Ihre Einzigartigkeit schätzen**

	Ja — Nein
1 Wenn Sie sich selbst beschreiben, benutzen Sie dabei die Wörter »normal« und/oder »durchschnittlich«?	○ ○
2 Halten Sie es für wichtig, sich anzupassen?	○ ○
3 Finden Sie Originalität anziehend?	○ ○
4 Haben Sie ab und an das Gefühl, anders zu sein als andere?	○ ○
5 Wenn Sie die letzte Frage mit Ja beantwortet haben: Versuchen Sie dann dieses Anderssein zu verbergen?	○ ○
6 Machen Ihnen Veränderungen Angst?	○ ○
7 Lassen Sie sich von den Leistungen anderer inspirieren?	○ ○
8 Fühlen Sie sich durch die Leistungen anderer eingeschüchtert?	○ ○
9 Werfen Sie sich selbst vor, nicht so gut zu sein wie andere?	○ ○
10 Streben Sie nach »Normalität«?	○ ○
11 Finden Sie es wichtig, mit der Mode Schritt zu halten?	○ ○
12 Man sagt zu Ihnen: »Diese Regel gilt für alle Menschen, da gibt es keine Ausnahmen!« Beugen Sie sich dann dieser Meinung?	○ ○
13 »Ich bin eine Ausnahme.« Sagen Sie sich diesen Satz vor. Halten Sie ihn für wahr?	○ ○
14 Wünschen Sie sich oft, wie jemand anderer auszusehen?	○ ○
15 Wünschten Sie sich jemals, jemand anderer zu sein?	○ ○

Es gibt keine »Norm« und keinen »Durchschnitt«! Wir haben diese Gedankenkonstrukte nur geschaffen, um unser Leben irgendwie zu regeln und zu strukturieren. Solche Reglementierungen sind wichtig, denn mit ihrer Hilfe können wir den Alltag besser verstehen und bewältigen. Dabei dürfen wir aber nie vergessen, daß Normen und Vergleiche nur Hilfskonstruktionen und keine wirklichen Maßstäbe darstellen.

Für Menschen gibt es keine Normgröße oder -typen. Es gibt auch keine *einzig* richtige Handlungsweise. Wie sollen wir ein Gefühl für den eigenen Wert entwickeln, wenn wir uns ständig mit anderen vergleichen? Kauf einfach dies oder das oder mach dies oder das, und auch du bist so schick, schaust so gut aus, klingst so clever wie ... Ja, wie wer? Vergleichen Sie sich jemals mit anderen?

Man kann unmöglich die eigenen unverwechselbaren Eigenschaften schätzen, wenn man ständig versucht, wie alle anderen zu sein. Manchmal ist es sehr schwer, sich hinzustellen und anders zu sein. Wir versuchen, genauso wie die anderen zu werden, und wollen unter großer Mühe die eigene Identität aufgeben. Warum eigentlich?

Unsere Vorstellungen und Überzeugungen sind kulturell beziehungsweise von der eigenen Familie geprägt, da wir als Kinder von den Menschen um uns herum lernen. Sobald wir uns in irgendeiner Weise blockiert, verletzlich fühlen oder nicht mehr weiterwissen und unter niedriger Selbstachtung leiden, müssen wir *immer* unsere Grundüberzeugungen überprüfen. Welche Ansichten über uns und die Welt haben wir im Augenblick? Woher kommen diese Vorstellungen? Versuchen wir so zu sein, so gut zu sein, so begabt zu sein wie ... wer? Wie können wir uns über den Grad unserer Fähigkeiten, Kompetenz, Einsicht, Klugheit ein Urteil bilden? Nur Sie können sich wirklich in Ihrem Inneren umsehen. Nur Sie wissen, wie es ist, »Ich« zu sein. Nur Sie wissen, woher Sie kommen und wohin Sie gehen.

Jeder hat andere Herausforderungen zu bestehen, und eine Vorgehensweise, die gut für Sie ist, mag einen anderen Menschen blockieren. Ihre Stärken sind nicht die meinen, Ihre Schwächen sind nicht die meinen. Unsere Selbstachtung ist ein äußerst erlesenes und zerbrechliches Gut, und sie wird durch ständige Vergleiche vernichtet. Um Selbstachtung und Selbstbewußtsein auszubauen, brauchen wir fortwährende Unterstützung und Zuwendung, wir müssen unseren ureigensten, einzigartigen Wert anerkennen. Lernen Sie Ihre Originalität lieben, genießen Sie Ihr Anderssein, und Sie werden hohe Selbstachtung erreichen.

Tips □ **So feiern Sie Ihre Einzigartigkeit**

1 *Loben Sie sich für jeden Erfolg,* so unbedeutend er Ihnen auch vorkommen mag, denn jeder Schritt zählt. Man tut das Erreichte oft so leichtfertig ab, rückt die Meßlatte immer ein Stück höher, und ab einem bestimmten Punkt ist man niemals gut genug.

2 *Freuen Sie sich über die unverwechselbaren Eigenschaften anderer Menschen.* Erkennen Sie, daß jede menschliche Leistung die unglaublichen Möglichkeiten aufzeigt, die uns allen offenstehen. Wenn wir uns in einem ständigen Konkurrenzkampf mit dem Rest der Welt befinden, sind wir immer die Verlierer. Wie sehr wir uns auch abstrampeln, es gibt immer jemanden, der besser ist. Lernen Sie aus den Leistungen anderer und fügen Sie das Erlernte Ihrem eigenen Erfahrungsschatz hinzu. Die Möglichkeiten des Menschen sind unglaublich: Freuen Sie sich darüber, anstatt sich davon entmutigen zu lassen.

3 *Unterstreichen Sie Ihre Originalität.* Entdecken Sie Ihr Anderssein und heben Sie es hervor, anstatt es zu vertuschen. Überall da, wo Sie sich von anderen unterscheiden, liegt der Schlüssel zu Ihrer ganz persönlichen und unverwechselbaren Kreativität. Der Anpassungsdruck zerstört diese Kreativität. Sobald Sie den Wunsch verspüren »dazuzugehören«, achten Sie genau auf die Punkte, bei denen Sie meinen, anders zu sein. Akzeptieren und kultivieren Sie Ihr Anderssein: Es macht Sie zu einer einzigartigen und originellen Persönlichkeit.

4 *Nehmen Sie Ihr Alleinsein an.* Wenn wir unsere Einzigartigkeit feiern, feiern wir auch unser Alleinsein. Zuweilen macht uns das Alleinsein große Angst. Wir fühlen uns vielleicht einsam und glauben, daß nie jemand wirklich unsere Gefühle verstehen und für uns »da sein« wird. Es stimmt – niemand wird je Ihre Innenwelt kennen. Nur Sie können wirklich mit sich vertraut sein. Niemand sonst kann in Ihnen wohnen. Und möchten Sie wirklich, daß ein anderer alles über Sie weiß? Alleinsein gewährt ein großes Maß an Freiheit. Wir verabschieden uns von Erwartungshaltungen: Andere müssen uns nicht vollständig

kennen, und wir brauchen uns nicht länger schuldig zu fühlen, weil wir nicht ständig für sie da sein können. Akzeptieren Sie das Alleinsein, und Sie besitzen die Freiheit, Sie selbst zu sein.

5 *Machen Sie mal etwas anderes.* Haben Sie den heimlichen Wunsch, Ihr Leben in irgendeiner Weise zu ändern, aber es fehlt Ihnen der Mut dazu? Den Versuch ist es sicher wert! Gehen Sie das Risiko ein, anders zu sein, und schauen Sie einfach, was passiert. Selbstachtung setzt Respekt für die eigene Person voraus, und wir können uns nur schwer respektieren, wenn wir uns unser Leben von anderen vorschreiben lassen. Gibt es etwas, was Sie ausprobieren möchten? Gönnen Sie sich einfach einen Versuch. Das Leben ist dazu da, in vollem Umfang gelebt zu werden – geben Sie Ihren Träumen eine Chance!

6 *Fragen Sie sich: Will ich das wirklich tun?,* wann immer Sie sich in einer heiklen Lage befinden. Vielleicht wartet eine Herausforderung auf Sie, der Sie sich stellen müssen, um menschlich zu wachsen. Aber möglicherweise unternehmen Sie etwas, weil Sie eine vage Verpflichtung dazu verspüren, aber Ihnen ist gar nicht wohl dabei. Blicken Sie in Ihr Inneres: Nur Sie kennen des Rätsels Lösung. Wenn Sie sich in Ihrem tiefsten Inneren nicht wohl dabei fühlen, überprüfen Sie Ihre Motive ganz genau. Tun Sie es jemand anderem zu Gefallen, und bleiben Sie selbst dabei auf der Strecke? Ist es das wert? Ihre Selbstachtung steht auf dem Spiel.

Wenn wir Freude an unserer Einzigartigkeit haben, können wir das Anderssein unserer Mitmenschen schätzen und respektieren. Gute Beziehungen basieren auf dem Verständnis für unser Alleinsein. Wenn wir vergnügt allein sein können, können wir auch vergnügt mit anderen zusammen sein. Wahre Gemeinschaft beruht auf der Anerkennung des Alleinseins. Wenn Sie Ihre Einzigartigkeit feiern, feiern Sie Ihr Leben.

Entdecken Sie das Kind in Ihnen

Mein sieben Jahre alter Sohn verbrachte diesen Sommer einige Tage bei seiner Großmutter. Als er nach Hause kam und wir seinen Koffer auspackten, nahm er ein T-Shirt heraus und sagte: »Das riecht nach dem Haus von Omi.«

Für ein paar Augenblicke durchlebte er wieder die herrlichen Zeiten im Haus seiner Großmutter. Ich beobachtete ihn, wie er gedankenverloren dasaß und Erinnerungen nachhing, die er ganz sicher nie vergessen wird. Seine Kleidung roch schwach nach Parfüm und Politur, keine besonders bedeutsame Duftmischung für mich, aber für ihn der direkte Auslöser von Erinnerungen.

Wir alle haben Sinneseindrücke gespeichert, die eine Verbindung zu unserer Vergangenheit herstellen können. Das können Gerüche, Geschmacks- und Tasteindrücke, Geräusche, Bewegungen usw. sein. Die Berührung von Samt, der Geschmack eines Pfefferminzbonbons, der Geruch der See, das Läuten einer Kirchenglocke, das Sitzen auf einer Schaukel – all das kann Kindheitserinnerungen wachrufen ...

Übung 🔳 **Rückkehr in die Kindheit**

Gibt es Sinneseindrücke, die Sie in Ihre Kindheit zurückversetzen? Füllen Sie bitte die entsprechenden Zeilen aus.

Notizen Tastsinn_____

Geschmack _____

Geruch _____

Geräusche _____

Bewegung _____

Kommen Ihnen nun irgendwelche Erlebnisse in den Sinn, die Sie mit Ihrer Kindheit verbinden, dann *inszenieren Sie dieses Erlebnis nach*. Auf geht's: Essen Sie ein paar Brausestangen, lesen Sie ein »Fünf-Freunde«-Buch, reiten Sie auf einem Esel, machen Sie ein paar Seifenblasen, spielen Sie mit Murmeln, gehen Sie auf den Rummelplatz und riechen Sie den Duft von Zuckerwatte oder essen Sie gar welche ... Am Anfang werden Sie sich vielleicht noch etwas schwer tun, aber je mehr Sie den Erinnerungen nachgeben, desto weiter öffnen Sie die Schleusen zu Ihren Kindheitserlebnissen.

Wenn Sie in den kandierten Apfel beißen, *sind* Sie das Kind in Ihnen. Sie mögen zwar jetzt erwachsen sein, aber Ihr Kind verschwindet nicht einfach – es bleibt bei Ihnen. Das Unbewußte enthält Erinnerungen an sämtliche Kindheitserlebnisse, vom

Säuglingsalter bis zur Pubertät. Und diese Erinnerungen lassen sich jetzt ebenso intensiv erleben wie damals vor all den Jahren.

Tiefsitzende Gefühle des Verlustes, der Wertlosigkeit, der Schuld und Scham lassen sich stets bis in die Kindheit zurückverfolgen, wo wir während der ersten Lebensjahre lernten, wie wir uns selbst zu sehen hatten. Als winzige, verletzliche Kinder sind wir offen, vertrauensvoll und hellwach. Aber sowie wir lernen, uns in die Lebensordnung der Eltern und der Gesellschaft einzufügen, verbergen wir die Verletzlichkeit und das uneingeschränkte Vertrauen und bauen Schutzwälle um uns herum auf. Vielleicht wurden wir einmal so tief verletzt, daß dieser offene und »zutrauliche« Teil unseres Selbst nun vollständig begraben ist. Man könnte es so ausdrücken: Wir haben das Kind in uns ausgesetzt. Ist Ihre Selbstachtung sehr niedrig, dann besteht die hohe Wahrscheinlichkeit, daß Sie das innere Kind aus Ihrem Leben verbannt haben.

Das verbannte Kind in Ihnen

☐ **Fragebogen**

Inwieweit treffen die unten stehenden Aussagen auf Sie zu? Bewerten Sie dann bitte Ihre Antworten wie folgt:

0 Punkte für »fast nie«;
1 Punkt für »manchmal«;
2 Punkte für »oft«;
3 Punkte für »fast immer«.

1 Ich habe Angst davor, enge Beziehungen einzugehen. _____

2 Mir gehen Leute auf die Nerven,
   die sich nicht ihrem Alter gemäß benehmen. _____

3 Mir fällt es schwer, anderen zu vertrauen. _____

4 Ich kann meine Gefühle nur mit Mühe ausdrücken. _____

5 Es fällt mir schwer, Spaß zu haben. _____

6 Ich rechne gewöhnlich mit dem Schlimmsten. _____

7 Ich sehe die Dinge gern »realistisch«. _____

8 Intimität, egal welcher Art, macht mir Angst. _____

9 Ich stehe mir selbst kritisch gegenüber. _____

10 Bevor ich eine Entscheidung treffe,
   möchte ich gern über sämtliche Fakten
   Bescheid wissen. _____

Wenn Ihre Punktzahl 10 oder weniger beträgt, haben Sie vorher schon viel an sich gearbeitet. Die meisten von uns werden in dieser Übung auf 20 bis 30 Punkte kommen. Jeder Mensch hat von Zeit zu Zeit Vertrauenskrisen und Angst-, Scham- oder Wertlosigkeitsattacken, aber nicht ständig!

Das Kind in uns ist verletzlich, und genau diese Eigenschaft ermöglicht es uns, enge, tiefreichende und vertrauensvolle Beziehungen zu uns selbst, zu anderen Menschen und zum Universum in seiner ganzen Vielfalt einzugehen. Wenn es uns gelingt, den Kontakt mit dem ausgesetzten Kind im Innern wieder aufzunehmen, dann können wir die tiefen Wunden heilen, die überhaupt erst zu seiner Verbannung führten. Dann können wir uns vorbehaltlos an der Phantasie, Kreativität und Spiellaune des Kindes erfreuen.

Sämtliche Übungen im Kapitel »Entdecken Sie das Kind in Ihnen« werden wahrscheinlich sehr tief auf Sie einwirken. Arbeiten Sie diesen Abschnitt daher intensiv durch und legen Sie das Buch ruhig auch einmal zur Seite, wenn Ihre Aufmerksamkeit nachläßt. Die folgende Übung ist recht anspruchsvoll, und Sie sollten gut konzentriert einen Punkt nach dem anderen durchgehen, bis Sie mit sämtlichen Techniken vollkommen vertraut sind.

Übung ▣ **Kontaktaufnahme mit dem Inneren Kind**

1 Zählen Sie möglichst viele Aktivitäten auf, die Spaß machen und helfen, das Kind in Ihrem Inneren zu wecken. Lassen Sie sich Dinge einfallen, die einem kleinen Kind Freude bereiten, und beschäftigen *Sie* sich dann damit.

Notizen _____

_____

_____

_____

Unternehmen Sie mindestens einmal täglich etwas Kindlich-Spielerisches; Sie werden zunehmend Spaß daran haben!

2 Suchen Sie einige Fotos von sich aus verschiedenen Phasen Ihrer Kindheit heraus. Bringen Sie die Bilder irgendwo gut sichtbar an und betrachten Sie sie möglichst oft. Machen Sie sich mit dem Aussehen dieser Kinder vertraut, lernen Sie ihren

Gesichtsausdruck kennen. Freunden Sie sich mit ihnen an und lernen Sie sie lieben wie Ihre eigenen Kinder – das *sind* sie ja schließlich auch! Jedes dieser Kinder ist ein Teil von Ihnen: Nehmen Sie Verbindung zu ihnen auf und machen Sie sich wieder all die erstaunlichen kindlichen Eigenschaften zu eigen, die Sie im Laufe des Heranwachsens verloren haben.

Wenn Ihnen die Erinnerung an einen bestimmten Teil Ihrer Kindheit besonders schwerfällt, dann kann das bedeuten, daß diese Phase Ihrer Entwicklung besonders schmerzlich für Sie war. Versuchen Sie, Bilder von sich aus dieser Zeit auszugraben und möglichst viel über diese Phase herauszufinden. Fragen Sie Angehörige und Freunde. Bauen Sie eine enge Beziehung zu Ihrem Ich in dieser schwierigen Zeit auf. Es kann sein, daß einst unterdrückte schmerzliche Gefühle jetzt hochkommen, und vielleicht möchten Sie diese Gefühle mit einem alten Freund, einer Selbsthilfegruppe oder einem Psychologen teilen. Lernen Sie alle Ihre inneren Kinder lieben und respektieren, dann werden Sie in der Lage sein, auch sich selbst in vollem Umfang zu lieben und zu respektieren.

3 Nehmen Sie nun Buntstifte und ein Blatt Papier und zeichnen Sie ein Bild von sich als Kind. Gebrauchen Sie dabei die Hand, die Sie normalerweise nicht einsetzen. Wenn Ihnen danach ist, können Sie sich zusätzlich als Kind mit Ihren Eltern zeichnen, unter Umständen sogar das Haus malen, indem Sie gelebt haben. Sollte Ihnen das Spaß machen, zeichnen Sie einfach weiter, aber bleiben Sie bei der Hand, die Sie normalerweise nicht zum Schreiben verwenden.

4 Schreiben Sie dem Kind in Ihnen nun einen Brief mit der »falschen« Hand. Legen Sie alles nieder, was Sie ihm sagen wollen. Vergessen Sie nicht, dem Kind mitzuteilen, wie sehr Sie es schätzen und lieben; erzählen Sie ihm, daß Sie sein Freund sein wollen und ihm, da Sie es nun wiedergefunden haben, für immer zur Seite stehen werden.

In dem Maße, wie Ihr inneres Kind an Vertrauen gewinnt, wird es Ihr erwachsenes Selbst mit so viel Einfallsreichtum und kreativer Energie unterstützen, daß Sie sich wie neugeboren vorkommen. Zuweilen werden Sie auch die Schmerzen und die Verluste erleben, die das Kind in Ihnen ursprünglich in die Verbannung getrieben haben. Sobald Sie diesen Schmerz verspüren, denken Sie daran, daß ein Heilungsprozeß stattfindet, und teilen Sie, falls nötig, diese Gefühle mit anderen. Vergeben Sie Ihren Eltern und auch sich selbst, sollte dies notwendig sein.

5   *Visuelle Vorstellung: Sie treffen Ihr inneres Kind*
Machen Sie es sich an einem ruhigen Ort bequem und lesen Sie den folgenden Text:

Ich fühle mich behaglich und entspannt. Ich befinde mich in einer schönen und friedlichen Landschaft. Mein Rücken ist an einen Baum gelehnt, und ich spüre die warmen Sonnenstrahlen auf der Haut. Die Vögel singen, und ich weiß, daß ich an einem sicheren Ort bin. Ich blicke auf und sehe eine Wiese mit leuchtend roten Blumen. Es sind Mohnblumen, die sich sanft im warmen Lufthauch wiegen. Ich fühle mich glücklich und zufrieden und vollkommen entspannt. Genau in der Mitte der Mohnblumenwiese steht ein Baum mit dichter Laubkrone. In dem Moment, in dem ich den Baum bemerke, dringt Glockenläuten an mein Ohr. Die Glocke klingt hell, klar und ganz rein, und während ich noch diesem magischen Klang lausche, verwandelt er sich in das Lachen eines kleinen Kindes. Das Lachen scheint aus der Richtung des Baumes zu kommen. Ich schaue hinüber: Da ist jemand! Ein Kind versteckt sich hinter dem Baum; es lacht, aber ich weiß, daß es sehr scheu ist. Ich stehe auf und gehe ganz gemächlich zu dem Baum, um das Kind nicht zu erschrecken. Mir fällt eine kleine Hand auf, die sich an den Baum klammert; ich berühre die Hand, ganz sanft, damit das Kind nicht erschrickt. Das Kind blickt hinter dem Baum hervor, sieht mich an und lacht. Ich erkenne es: Das bin ich, es ist mein inneres Kind. Ich rede ihm gut zu, und es kommt hinter dem Baum hervor. Nun steht es vor mir. Ich bin voller Glück und Freude; mein Kind ist so froh, mich zu sehen.

Ich werde so lange bei dem Kind bleiben, wie ich will. Vielleicht sitzen wir auch nur zusammen da und gewöhnen uns allmählich wieder aneinander. Vielleicht haben wir uns unendlich viel zu erzählen, oder vielleicht spielen wir zusammen. Was auch geschehen mag, ich genieße die Situation.

Wenn ich bereit bin aufzubrechen, umarme ich mein inneres Kind und sage ihm, daß ich bald schon wiederkommen werde, um es zu besuchen. Mein Kind lächelt beim Abschied, es winkt mir nach, als ich davongehe, und es weiß, daß ich zu ihm zurückkommen werde.

Lassen Sie sich Zeit mit der Rückkehr. Reiben Sie die Hände aneinander, strecken Sie sich und spüren Sie, wie Sie in Ihren Körper zurückkehren.

Dann lesen Sie die Anleitung ein zweites Mal durch, entspannen sich wieder, schließen die Augen und stellen sich die Szene ohne Zuhilfenahme des Textes vor. Bei alldem gibt es keine Regeln: Freuen Sie sich einfach über das, was passiert. Sollte Ihr Kind nicht hinter dem Baum hervorkommen wollen, versuchen Sie es ein anderes Mal. Kehren Sie an diesen Ort zurück, immer wenn Sie Ihr inneres Kind wiedersehen wollen, und stellen Sie den Kontakt zu den spielerischen, ganz privaten und phantasievollen Teilen Ihrer Persönlichkeit her.

Nochmals: Bitte denken Sie daran, diesen Abschnitt sehr sorgfältig durchzuarbeiten, denn die Beziehung zu dem Kind in Ihnen ist eine der wichtigsten in Ihrem Leben. Lassen Sie sie langsam und vorsichtig heranreifen, dann werden Sie eine goldene Ernte einfahren.

Nachsichtiger Umgang mit sich selbst

Wenn ich mit einer Gruppe arbeite, unterbreche ich manchmal ganz spontan das Gespräch und bitte die Teilnehmer, an drei Dinge zu denken, die ihnen an der eigenen Person mißfallen. Diese Übung dauert nur ein paar Minuten, denn jeder Teilnehmer kann oft sofort *mindestens* drei dieser Punkte der Gruppe mitteilen. Dann bitte ich alle Anwesenden, drei Dinge zu nennen, die sie an sich mögen. Dies bereitet immer ungleich größere Schwierigkeiten, und den meisten ist es kaum möglich, ein gutes Haar (und schon gar nicht drei) an sich zu finden. Keiner hat dann wirklich Lust, den anderen Positives über sich zu erzählen. Warum ist das so? Warum fällt es uns viel leichter, uns selbst herunterzumachen, als uns hochleben zu lassen? Probieren Sie dazu einmal die nächste Übung.

Übung ▣ **Was ich an mir mag und nicht mag**

1 Drei Dinge, die ich an mir nicht mag:

Notizen _____

_____

_____

2 Drei Dinge, die ich an mir mag:

Notizen _____

_____

_____

Oft stehen wir uns selbst sehr kritisch gegenüber.

Fanden Sie es schwer, sich selbst zu loben? Fiel es Ihnen leicht, sich selbst zu kritisieren?

Im tiefsten Inneren stehen wir uns alle übermäßig kritisch gegenüber; selbst äußerlich sehr selbsbewußt wirkende Zeitgenossen besitzen einen bestens ausgebildeten *Inneren Kritiker*. Der Innere Kritiker ist die Stimme in uns, die herumnörgelt und *niemals* mit unseren Leistungen zufrieden ist. Er ist leicht auszumachen: Ständig macht er Vorhaltungen, nie genügen ihm Ihre Leistungen, immer erzählt er Ihnen, daß Sie nicht gut genug/ clever genug/ schlank genug/gebildet genug seien, um sich – durch Taten oder Ihre Persönlichkeit – in dieser Welt einen Namen zu machen. Das Erstaunliche am Inneren Kritiker ist, daß er *nie* zufriedenzustellen ist. Und sobald uns dies richtig klargeworden ist, können wir uns erfolgreich an den Aufbau der Selbstachtung und des Selbstbewußtseins machen.

Beispiel ▣ **Aus der Praxis des Inneren Kritikers**

Ich beschließe, zu Hause zu bleiben und mich um mein Kind im Vorschulalter zu kümmern, weil ich glaube, daß es meine Fürsorge und Zuwendung braucht.

Und währenddessen putze ich mich *die ganze Zeit über* herunter, weil ich »nur« Hausfrau und Mutter bin.

Ich beschließe, zur Arbeit zu gehen, und liefere mein Kind im Kindergarten ab, weil ich arbeiten will oder wir das Geld nötig haben oder mein Kind eine anregendere Umgebung braucht.

Und währenddessen werfe ich mir *die ganze Zeit über* vor, ich sei eine Rabenmutter.

Kommt Ihnen dies alles bekannt vor? Folgende charakteristischen Punkte stechen ins Auge:

- Ganz egal, wofür Sie sich entscheiden – Sie werden immer verlieren.
- Massiv treten Ratlosigkeit und Schuldgefühle auf.
- Es ist sehr schwer, Entscheidungen zu treffen.
- Ihre Selbstachtung ist am Boden.

Der Innere Kritiker kennt keinen Feierabend, denn es ist seine Aufgabe, von früh bis spät Kritik zu üben. Nichts stellt ihn zufrieden – er hat Sie am Haken.

Die Macht der Kritik
Denken Sie an ein Beispiel für das Vorgehen des Inneren Kritikers in Ihrem gegenwärtigen Leben.

◻ Übung

In welchen Situationen fühlen Sie sich ratlos/schuldig/unentschlossen, in welchen Momenten haben Sie eine niedrige Selbstachtung, wenig Selbstbewußtsein? Bei diesen Gelegenheiten gilt das Motto: Ganz egal, wofür Sie sich entscheiden – Sie werden immer verlieren.

Mit anderen Worten: Wem sind Sie wohl auf den Leim gegangen? Beschreiben Sie eine entsprechende Situation und versuchen Sie dabei, die damit verbundenen widersprüchlichen Gefühle zu erfassen.

Einerseits gibt es da diese Möglichkeit zu reagieren:

Notizen

_____

_____

_____

_____

Aber auch diese Option wäre möglich:

Notizen _____

_____

_____

_____

Diese zwei Möglichkeiten schließen sich gegenseitig aus. Welche von beiden Sie auch wählen, Sie haben immer das Gefühl, irgendwie die falsche Entscheidung getroffen zu haben. Soll ich meine Kleine in den Kindergarten geben, oder soll ich bei ihr zu Hause bleiben?

So oder so – es bleibt ein Gefühl der Unzufriedenheit zurück. Mein Innerer Kritiker sorgt schon dafür, daß ich nicht aus der Zwickmühle herauskomme, egal wie ich mich entscheide. Was kann ich machen? Was können Sie machen?

Unser Innerer Kritiker setzt sich aus all der Kritik zusammen, die wir irgendwann einstecken mußten und die wir für wahr hielten. Wenn Sie sich ständig in der einen oder anderen Weise selbst heruntermachen, dann prüfen Sie einmal genau, was Sie über sich selbst sagen. Wenn Ihre Selbsteinschätzung der Selbstachtung nicht förderlich ist, ändern Sie die erstere! Wenn ich glaube, daß ich dumm/faul/wertlos/in irgend etwas nicht gut genug bin, wie kann ich dann je zu hoher Selbstachtung und Selbstbewußtsein gelangen?

Der Weg zu Veränderung, Entwicklung und hoher Selbstachtung führt über das *Sich-selbst-Akzeptieren*. Wir müssen bereit sein, alle Aspekte unserer Persönlichkeit anzuerkennen.

Nehmen Sie ruhig hin, daß Ihr Innerer Kritiker auch in Zukunft weiterhin an Ihnen herummäkeln wird (und zuweilen hat er ja auch etwas Brauchbares mitzuteilen). Lernen Sie die Stimme Ihres Inneren Kritikers bewußt zur Kenntnis zu nehmen. Sobald Sie sich mies fühlen, achten Sie auf das, was Sie über sich selbst sagen. Fragen Sie sich, ob diese Dinge wirklich zutreffen oder ob sie Ihnen nur von außen eingeflüstert werden.

Sie sind eine erstaunliche, einzigartige und wundervolle Persönlichkeit, und doch hören Sie in 99,9 Prozent aller Fälle auf Ihren Inneren Kritiker. Gestehen Sie sich das ein, lassen Sie Ihre Selbstkritik fahren, verzeihen Sie sich Ihre Fehler und bestärken Sie sich in der Liebe und Bestätigung für die eigene Person.

....

Ich tue stets mein Bestes. Ich bin ein wertvoller und liebens-   **Merksatz**
werter Mensch, und ich verdiene alle Liebe und Bestätigung,
die ich mir selbst geben kann.

....

- Sobald Sie hören, wie der Innere Kritiker an die Pforte Ihres Be-
  wußtseins pocht, sprechen Sie diesen Merksatz nach. Rufen Sie
  sich Ihren wahren Wert ins Gedächtnis. Und wenn Sie sich in irgendeiner Weise ändern müssen, dann wird Ihnen der Merksatz
  die Stärke und Bestätigung geben, die Sie für die Veränderung
  benötigen.
  Werfen Sie alle Fesseln ab, Sie werden frei sein, um der kreative, entschlossene und selbstbewußte Mensch zu werden, der Sie
  in Wirklichkeit auch sind.

Wenn wir unsere Selbsterkenntnis schärfen, werden wir entdecken, daß viel mehr in uns steckt als zunächst angenommen. Je
mehr wir über uns selbst herausfinden, desto mehr wird uns auf-
gehen, wie unglaublich faszinierend wir wirklich sind.

Wann immer Sie nach Antworten suchen, *blicken Sie in Ihr
Inneres:* Sie halten den Schlüssel zur Entwicklung Ihrer Person-
lichkeit bereits in der Hand.

Lieben und schätzen Sie sich, seien Sie Ihr bester Freund.
Diese Beziehung wird ewig halten!

Persönliche Beziehungen verbessern

Wenn ich nur den richtigen Mann/die richtige Frau finden könnte, wäre ich ja so glücklich. Wenn meine Eltern sich bloß anders
verhielten, dann wäre alles in bester Ordnung. Wenn mein Chef
ein bißchen lockerer wäre, könnte die Arbeit das reinste Vergnügen
sein ... Ach ja, wenn ich bloß alle Menschen ändern könnte, dann
wäre ich wunschlos glücklich.

Wen oder was würden Sie gerne ändern, damit Ihre Beziehungen besser funktionieren? Füllen Sie dazu bitte die umseitige
Tabelle aus:

Tabelle ▣ **Wie die Menschen sich meiner Ansicht nach ändern sollten**

Name der Person	Ich, _____ (Name), möchte, daß diese Person folgendermaßen ist:

Wir verfolgen ein falsches Ziel, wenn wir irgendwo *außerhalb* der eigenen Person nach Erfüllung suchen. Wie können Sie die Menschen ändern? In Wahrheit können Sie andere nämlich nicht umkrempeln, und je mehr Sie es versuchen, desto schlimmer werden Ihre Beziehungen. Immer wenn wir darauf warten, daß sich jemand verändert, weisen wir eine niedrige Selbstachtung auf. Hängt Ihr Glück vom Verhalten anderer ab, sind Sie zum Opfer geworden; Sie haben sich selbst entmachtet, Sie haben die Orientierung und den Respekt für sich selbst verloren.

Ändern Sie Ihren Blickwinkel

Die Art und Weise, wie andere mit uns umgehen, spiegelt die Art und Weise wider, wie wir selbst mit uns umgehen.

In diesem Satz liegt eine wunderbar befreiende Wahrheit, die Sie von den Zwängen einer jeden Beziehung entbinden kann. Ändern Sie den Blickwinkel von *außen* nach *innen*. Beziehungen werden nicht außen geformt, sondern innen. Die einzig echte Beziehung ist die, die Sie mit sich selbst führen. Alle anderen sind eine Spiegelung dieser einen.

Wenn ich mit mir selbst respektvoll umgehe, dann spüren das auch die anderen und behandeln mich mit dem Respekt, den ich verdiene. Wenn ich mich selbst liebe und zu schätzen weiß, dann werde ich in anderen eine ähnliche Haltung mir gegenüber hervorrufen. Und umgekehrt, wenn ich mich selbst schlecht behandle, dann werden andere Menschen ganz sicher das gleiche tun. Mache ich mich selbst zum Opfer, ziehe ich unweigerlich die Art von Menschen an, die auf der Suche nach Opfern sind. Wenn meine Selbstachtung gering ist, braucht es nicht viel, um alle Welt davon zu überzeugen, daß ich keinen Respekt verdiene; und wenn ich mir selbst Vorwürfe mache, werden bald auch alle anderen darin einstimmen.

Beziehungen werden in unserem Inneren geformt. Das ist manchmal nur schwer einzusehen. Wir alle werden mit Liebesgeschichten und ähnlichen Fiktionen der Unterhaltungsindustrie vollgestopft, die uns die Botschaft vermitteln, sämtliche Antworten lägen außerhalb der eigenen Person. Unsere Suche nach dem Märchenprinzen oder der -prinzessin wird nie erfolgreich sein, wir werden immer enttäuscht werden.

Während ich dies schreibe, höre ich im Hintergrund einen Song von Marvin Gaye mit der Textzeile: »Too busy thinkin' `bout my baby. Ain't got time for nothing else.« Wenn Sie also keine Zeit für sich oder andere Dinge haben, weil Sie ständig an Ihre »Süße« denken müssen, ist das kein besonders gutes Omen für die Beziehung. Aber genau diese romantische Denkweise wurde uns von klein auf eingetrichtert. Hören Sie einmal genauer auf solche Songs oder Schlager und achten Sie darauf, welches Weltbild da offeriert wird. Wenn wir unseren Blickwinkel ändern, empfinden wir anfangs vielleicht ein Gefühl des Verlustes – des Verlustes von möglicher Spannung/Gefahr/Geheimnisvoll-Unbekanntem. Warum finden wir es so verlockend, unsere Souveränität aufzugeben? Vielleicht, weil wir in Wirklichkeit das Gefühl haben, wir bräuchten unbedingt jemanden, der gut auf uns aufpaßt.

Das Muster unserer gegenwärtigen Beziehungen hängt eng mit dem Muster derjenigen zusammen, die wir zu den Eltern hatten. Als winzige Säuglinge sind wir sehr empfänglich für das Gefühlsklima um uns herum. Sobald wir spüren, daß unsere Eltern emotionalen Schmerz empfinden, versuchen wir das aufzufangen. Wir wollen sie glücklich machen, damit sie sich weiterhin um uns kümmern. Es ist eine Überlebensfrage für den verletzlichen und hilflosen Winzling, daß er seine Eltern bei Laune hält. Dieses tieferliegende Motiv taucht auch in unseren späteren Beziehungen immer wieder auf. Das geht dann folgendermaßen:

»Ich will versuchen so zu sein, wie ihr mich haben wollt, wenn ihr bei mir bleibt und mir gebt, was ich brauche.«

Erkennen Sie das Motiv wieder?

Wenn ja, dann werden Sie sicher wissen, daß auf diese Art Beziehungen nicht unterhalten werden können. Die Menschen können nicht immer so sein, wie wir Sie gern hätten, und deshalb sind wir enttäuscht. Wir versuchen sie dann vielleicht zu ändern, oder wir lassen es bleiben, resignieren und »nehmen übel«, oder wir packen die Koffer und suchen uns jemand anderen, der uns vielleicht geben kann, was wir brauchen.

Übung 🔲 **Einen Menschen ändern**

Denken Sie an eine Lebenssituation zurück, in der Sie einen anderen Menschen ändern wollten.

1 Das Verhalten, das ich ändern wollte, war:

Notizen _____

_____

_____

_____

2 Ich versuchte dieses Verhalten zu ändern, indem ...

Notizen _____

_____

_____

_____

3 Das Resultat war:

Notizen _____

_____

_____

_____

Können Sie beschreiben, welche Art von Beziehung Sie nun zu dieser Person haben?

4 Jetzt sieht unsere Beziehung so aus:

Notizen

_____

_____

_____

_____

Hatten Ihre Versuche, diesen Menschen zu ändern, irgendwelche Auswirkungen auf die Beziehung?
   Wenn ja – was ist geschehen?

5 Unsere Beziehung hat sich in folgenden Aspekten geändert:

Notizen

_____

_____

_____

_____

Veränderungen in Beziehungen kann man nur bewirken, wenn Sie selbst bereit sind, die Botschaften zu ändern, die Sie an den anderen senden. Wenn Ihr Blick zu dem anderen Menschen geht, dann schauen Sie in die falsche Richtung!

Eine unbefriedigende Beziehung

□ Übung

Haben Sie sich jemals in eine unglückliche Beziehung verrannt? Wenn ja, können Sie die Beziehung beschreiben?

1 Diese Beziehung ist/war unbefriedigend, weil ...

Notizen

_____

_____

_____

_____ Ja — Nein

2 Ich versuchte diese Beziehung zu ändern.   ○   ○

3 Ich beschloß, an dieser Beziehung festzuhalten, weil ...

Notizen _____

_____

_____

_____

4 Meine Gefühle gegenüber der anderen Person in dieser Beziehung:

Notizen _____

_____

_____

_____

	Ja	—	Nein
5 Besteht diese Beziehung immer noch?	○		○

6 Meine Gefühle mir selbst gegenüber:

Notizen _____

_____

_____

_____

7 Ich würde mich als jemanden beschreiben, der hohe/geringe Selbstachtung besitzt.

Wenn Sie vergeblich versucht haben, das Wesen einer Beziehung zu ändern, und Sie diese immer noch aufrechterhalten, dann schauen Sie sich einmal Ihre Motive genau an. Leben Sie etwa das tieferliegende Beziehungsschema aus, das Sie als Säugling mit Ihren Eltern verband? Müssen Sie andere bei Laune halten? Ist es nötig, daß jemand Sie umsorgt?

An dieser Situation gibt es ironischerweise gleich zwei Haken. Zum einen können wir uns in einer unglücklichen Beziehung kaum gut umsorgt fühlen, und zum anderen suchen wir *außerhalb* der eigenen Person fieberhaft nach der Fürsorge und Förderung, die nur wir selbst uns geben können. Wir sind keine Säuglinge mehr, wir können die Verantwortung für unser Wohl und Wehe selbst übernehmen.

Überprüfen Sie Ihre Beziehungen

Eine gesunde Beziehung erlaubt es uns, die eigenen grundlegenden Bedürfnisse zu befriedigen. Und diese Bedürfnisse erkennen wir am leichtesten, wenn wir uns der Grenze unserer Persönlichkeit bewußt werden. Bis zu dieser Linie kann ich in einer Beziehung ohne Anstrengung gehen. Grenzen gibt es auf allen Ebenen unseres Daseins: der spirituell-seelischen, geistigen, physischen und der emotionalen Ebene.

Sobald wir uns unserer Grenzen bewußt werden, erhalten wir einen Einblick in das, was wir sind und was wir wollen. Die Erforschung unserer Begrenztheit ist ein anderes Mittel der Selbsterkenntnis, und wir wissen ja: Je besser wir über uns selbst Bescheid wissen, desto positiver und kreativer können wir das Leben gestalten. Wenn ich nicht herausfinde, wer ich bin und was ich will, kann ich unmöglich wissen, was für mich richtig und was falsch ist. Ich bin nicht in der Lage, eine gesunde Beziehung (ob zwanglos, eng oder intim) mit jemand anderem zu führen, weil ich nicht weiß, wo das »Ich« aufhört und das »Du« anfängt.

Und steht beisammen, doch nicht zu nah beisammen:
Denn des Tempels Säulen stehen gesondert,
und Eiche und Zypresse wachsen nicht
eine in der andern Schatten.

Kahlil Gibran, *Der Prophet*

7(a)
Begegnung

Meine Grenze
(eingeschlossen sind
Geist, Körper, Seele
und Ge-
fühle)

Deine Grenze
(eingeschlossen sind
Geist, Körper, Seele
und Ge-
fühle)

Abbildung 7
Gesunde und
ungesunde Nähe

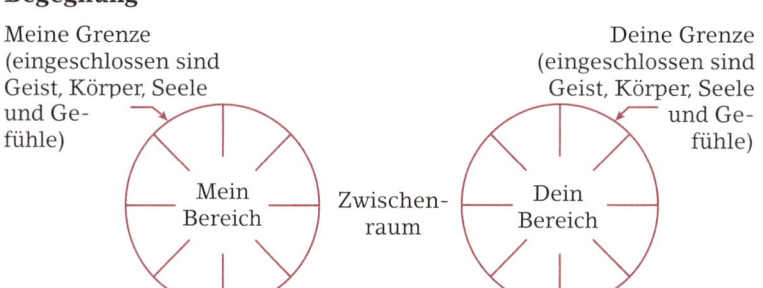

Mein
Bereich

Zwischen-
raum

Dein
Bereich

7(b)
Gesunde Nähe

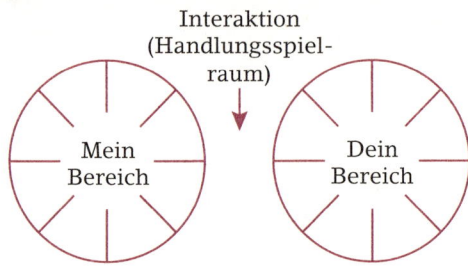

7(c)
Ungesunde Nähe

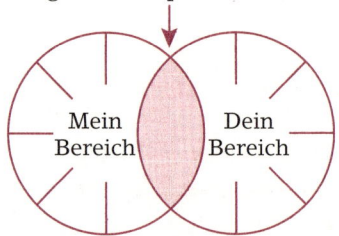

Die drei Teile der Abbildung 7 stellen Varianten eines Kontakts zwischen Ich und Du dar.

In 7(a) findet eine erste Begegnung statt. Die gesonderten Grenzen umschließen die jeweilige Totalität des Einzelwesens – Geist, Körper, Seele und Gefühle, dazwischen befindet sich ein größerer Raum.

7(b) zeigt das Interagieren nach einer Annäherung, also das gemeinschaftliche Handeln, das Umgehen miteinander. Es gibt einen gemeinsamen Bereich, aber die Grenzen von Ich und Du sind intakt: Es besteht eine gesunde Beziehung.

7(c) thematisiert das Eindringen in den persönlichen Bereich des anderen. Die Grenzen der Persönlichkeiten werden verwischt, die Grenzlinien von Ich und Du haben sich durchdrungen: Die Beziehung ist ungesund, weil das jeweilige Einzelwesen kein Gefühl mehr für die eigene Person hat. Wo höre *ich* auf, wo fängst *du* an? Will *ich* das, oder machen *wir* das, weil *du* es so willst?

Arbeiten Sie nun bitte die nächste Checkliste durch, wenn Sie herausfinden wollen, wie es um Ihre eigenen Grenzen steht.

Grenzen

Kommentieren Sie die folgenden Aussagen. Mögliche Wertungen:

- Trifft nicht zu.
- Trifft manchmal zu.
- Ist oft der Fall.
- Stimmt.

---

1 Die Bedürfnisse anderer Menschen
  kommen vor meinen eigenen.   _____

2 Ich bin entscheidungsfreudig.   _____

3 Ich fühle mich für andere Menschen
  verantwortlich.   _____

4 Die Leute scheinen meine Hilfsbereitschaft
  für selbstverständlich zu halten.   _____

5 Mir fällt es schwer, meine wahren Gefühle
  auszudrücken.   _____

6 Anscheinend investiere ich sehr viel in meine
  Beziehungen und bekomme recht wenig zurück._____

7 Ich kann meine Meinung zum Ausdruck
  bringen.   _____

8 Ich fühle mich von anderen ausgenutzt.   _____

9 Ich sorge gern dafür, daß andere sich gut fühlen._____

10 Ich werde von anderen nicht zum Opfer
   gemacht.   _____

11 Ärgerliche Gefühle machen mir Angst.   _____

12 Ich gehe Beziehungen zu Menschen ein,
   die nichts für mich sind.   _____

13 Ich bin bestürzt, wenn andere Menschen es sind._____

14 Ich habe Angst vor dem Alleinsein.   _____

15 Kritik tut mir weh.   _____

16 Ich löse mich aus unguten Beziehungen.   _____

17 Ich habe kein Vertrauen zu mir selbst.   _____

18 Ich bin sehr empfänglich für die Stimmungen
   anderer Leute.   _____

19 Es fällt mir schwer, ein Geheimnis
   für mich zu behalten.   _____

20 Ich kann mich über den Erfolg
   anderer Menschen freuen.   _____

Denken Sie darüber nach, inwieweit jede dieser Bewertungen die Qualität Ihrer Beziehungen beeinflußt. Achten Sie dabei besonders auf die Verhaltensweisen und Gefühle, die Ihrer Meinung nach die Verhältnisse mit anderen belasten: Das sind die Bereiche, in denen Ihre »Grenzbefestigungen« schwach ausfallen und Ihre Selbstachtung beeinträchtigt wird. Schlechte Beziehungen, ungesunde Nähe und geringe Selbstachtung gehen immer Hand in Hand.

Opfer sind »Vorwürfemacher«, die sich – wohl zumeist aus Angst – weigern, die Verantwortung für sich selbst zu übernehmen. Wenn Sie in einer unbefriedigenden Beziehung stecken und Ihrem Partner dafür die Schuld geben, dann sind Sie ein Opfer. Wechseln Sie die Perspektive, werfen Sie einen Blick auf Ihr eigenes Verhalten, überprüfen Sie Ihre Grenzen, übernehmen Sie die Verantwortung für die eigenen Bedürfnisse – und die Qualität Ihrer Beziehung wird sich radikal verändern. Vergrößern Sie Ihre Selbsterkenntnis, und Ihre Selbstachtung wird in gleichem Maße wachsen. Vergrößern Sie Ihre Selbstachtung, und Sie werden gesunde Beziehungen magisch anziehen, der Respekt für die eigene Person, Selbstvertrauen und Selbstbewußtsein werden zusätzlichen Auftrieb erhalten. Beziehungen entstehen *innen,* nicht *außen.* Sobald Sie Ihren Blickwinkel ändern, setzen Sie einen Prozeß in Gang, der Ihr Selbstbewußtsein nur vergrößern und die Qualität Ihrer Beziehungen nur verbessern kann. In Abbildung 8 sehen Sie, wie das funktioniert:

Abbildung 8 Ändern des Blickwinkels	Überprüfung der Grenzen (gesteigerte Selbsterkenntnis)	→	Wachsende Selbstachtung/ wachsendes Selbstbewußtsein	→	Gesunde Beziehungen	→	Weiterer Zuwachs an Selbstachtung/ weiterer Zuwachs an Selbstbewußtsein

Merksatz   Sie sind ein wunderbarer, fürsorglicher und liebevoller Mensch, und Sie haben Beziehungen verdient, die Sie tragen und Ihnen guttun.

• Schreiben Sie diesen Merksatz wieder und wieder auf. Sehen Sie in den Spiegel und sagen Sie ihn sich laut vor:

Ich,_____(Ihr Name), bin ein wunderbarer, fürsorglicher und liebevoller Mensch, und ich habe Beziehungen verdient, die mich tragen und mir guttun.

Die Beziehung zu sich selbst ist die Beziehung Ihres Lebens. Alle anderen Beziehungen sind nur eine Spiegelung dieser einen – machen Sie also etwas daraus!

Beruflicher Erfolg und Wohlstand

Wenn wir das Wort *Wohlstand* hören, denkt mancher in erster Linie an Reichtum – in finanzieller Hinsicht. Aber in diesem Begriff steckt so viel mehr, der Wortbestandteil »*wohl*« verweist auf einen Zustand des Lebendigseins, der Lebensfreude, des Ganzseins und der Fülle. Wohlstand hat demnach auch eine positive, seelische Dimension im Sinne etwa von »Wohlbefinden«.

Doch nehmen wir ihn einmal materiell: Man kann reich sein und sich dabei ständig den Kopf darüber zerbrechen, wie man seinen Reichtum nicht verliert; oder man hat Angst davor, ausgeraubt zu werden, oder ertrinkt in Schuldgefühlen und kann seinen Wohlstand nicht genießen. Dagegen weiß vielleicht jemand, der nicht so gut betucht ist, wie man das, was man hat, genießt und wie man das beste aus seinem Leben macht.

Wer ist nun wahrhaft reich? Welche Art von Leben ist vorzuziehen? Wer besitzt hohe Selbstachtung? Ihr Verständnis des Wohlstands hängt nicht von Ihrem Reichtum ab, eher ist es schon umgekehrt: Ihr Reichtum hängt von Ihrem Verständnis von Fülle ab. Wenn Sie sich reich vorkommen, was die guten Dinge des Lebens anbelangt, dann werden sie Ihnen nur so zuströmen. Wenn Sie dagegen glauben, Ihnen seien immer nur die Krümel beschieden, dann wird das auch so sein. Ist Ihre Welt eine üppige, reiche, oder ist sie verarmt und karg?

Fragebogen ▣ **Meine Weltsicht**

Glauben Sie persönlich, daß folgende Aussagen zutreffen – ja oder nein?

		Ja	—	Nein
1	Dies ist eine Welt der Fülle.	○		○
2	Es wird niemals genug von allem geben, um alle zufriedenzustellen.	○		○
3	Die Welt ist ein sicherer Ort.	○		○
4	Die Menschen verhungern, der Erde gehen die Vorräte aus.	○		○
5	Das Universum trägt mich.	○		○
6	Die menschliche Natur ist auf Wettbewerb und nicht auf gegenseitige Hilfe ausgelegt.	○		○
7	Wir haben die Macht, unseren Planeten zu verändern.	○		○
8	Wir haben eine ökologische Katastrophe verdient, so wie wir mit der Erde umgehen.	○		○
9	Jeder ist sich selbst der Nächste.	○		○
10	Ich schaffe mir meine eigene Wirklichkeit.	○		○
11	Mein Leben ist ein einziger Kampf. Leben heißt leiden.	○		○
12	Wir alle verdienen die besten Dinge des Lebens.	○		○
13	Egal was ich tue, ich kann die Welt nicht ändern.	○		○

Ist Ihre Welt ein furchteinflößender Ort? Leben Sie in einem Universum der Fülle oder des Mangels? Welche Weltsicht stützt Ihre Selbstachtung und Ihr Selbstbewußtsein und gibt Ihnen Lebensfreude? Welche Weltsicht macht Veränderungen möglich und welche sorgt dafür, daß Sie weiterhin ein Opfer bleiben?

Es stimmt, daß Menschen verhungern und in Kriegen umkommen. Ja, unser Planet ist voller Giftmüll, die Meere werden verseucht, die Regenwälder abgeholzt, und in der Ozonschicht haben sich Löcher gebildet. Das ist der Stand der Dinge, ganz ohne Zweifel. Aber warum verhält sich dies so? Bei einigen wächst langsam die Überzeugung, daß ein universales Mangel-Denken für unsere globalen Probleme verantwortlich ist. Viele Menschen glauben, daß »es nie genug von allem für alle geben wird« und daß wir deshalb um die knappen Ressourcen und um unser Überleben werden kämpfen müssen. Wir haben diesen Mangel geschaffen: Er existiert eigentlich hauptsächlich in unserer Vorstellung. Das Universum ist reich. Es hat alles, was wir brauchen.

Wir haben Mangel produziert – wir wollen statt dessen Fülle hervorbringen.

Wenn wir das individuelle Bewußtsein weg vom Mangel in Richtung Fülle umpolen, holen wir neue Energie in unser Leben. Wenn wir so denken, werden wir bald fühlen, daß wir ein Leben des Wohlstands führen; und wenn Sie sich so fühlen, strahlt das auch auf die Menschen in Ihrer Umgebung aus.

Holen Sie sich neue Energie in Ihr Leben!

Die Liste auf der nächsten Seite enthält Behauptungen, die zu einem Wohlstands- beziehungsweise zu einem Mangel-Bewußtsein führen. Diese Aussagen sind *Ausdruck grundlegender Überzeugungen*. Achten Sie also darauf, welche Worte Sie verwenden: Sie selbst erschaffen Ihren Glauben. Wandeln Sie die Überzeugungen, die Ihnen nicht gut tun. Verändern Sie Ihr Bewußtsein in Richtung Wohlstand, indem Sie die Merksätze in Spalte A wiederholen. Sobald Sie sich in irgendeiner Weise »verarmt« fühlen, suchen Sie sich einige Merksätze heraus und sprechen Sie sie laut oder singen und schreiben Sie sie. Erweitern Sie Ihr Blickfeld, nehmen Sie die positive Energie des Universums an und lassen Sie Fülle in Ihr Leben einziehen.

Lesen Sie zunächst Spalte A, dann Spalte B. Achten Sie dabei auf jede Veränderung Ihrer Stimmung und Energie. Welche Aussagen wirken kraftspendend und aufbauend? Welche sind deprimierend und schwächend? Wählen Sie stets den Weg, der das Gefühl des Lebendigseins und Wohlbefindens in Ihnen verstärkt. Vertrauen Sie auf Ihre Intuition. Wählen Sie Hoffnung statt Hoffnungslosigkeit. Wenn wir glauben, wir seien die Opfer eines Systems, das wir nicht ändern können, geben wir unsere schöpferischen Kräfte aus der Hand. Nutzen Sie Ihre erstaunlichen kreativen Fähigkeiten; stärken Sie Ihr Wohlstands-Bewußtsein; spüren Sie das Leben in seiner ganzen Fülle und steigern Sie Ihr Selbstwertgefühl; verbessern Sie Ihre Lebensqualität und helfen Sie dadurch, die Lebensqualität anderer zu verändern. Globales Wohlstands-Bewußtsein kann unseren Planeten heilen.

Merksatz   Merksätze von Wohlstand und Mangel

A	B
Wohlstands-Bewußtsein	**Mangel-Bewußtsein**
Ich glaube: Je mehr ich gebe, desto mehr bekomme ich zurück.	*Ich glaube:* Das Leben ist eine Enttäuschung.
Das Leben ist ein Fest.	Der Mensch ist grundsätzlich auf Wettbewerb aus.
Ich kann meine Wirklichkeit verändern.	Ich bin ein Opfer der Umstände.
Ich verdiene die besten Dinge im Leben.	Wir sind von Natur aus eine gewalttätige Spezies.
Wir sind da, um füreinander zu sorgen.	Die globale Umweltzerstörung kann nicht mehr aufgehalten werden.
Meine Überzeugungen formen mein Leben.	Ich kann den Lauf der Dinge nicht beeinflussen.
Wir können unseren Planeten heilen.	Der Glaube an seelische Kräfte führt nicht zu praktischen Lösungen.
Individueller Wandel führt zu globalem Wandel.	Ich bin ein unbedeutendes Rädchen im Weltgetriebe.
Es ist immer genug für alle da.	Unsere Vorräte gehen zur Neige.
Wir sind alle miteinander verbunden.	Wir haben eine globale Katastrophe verdient.
Die Natur hat Vorräte in Hülle und Fülle.	Je mehr ich gebe, desto weniger bleibt mir.
Wir haben die Vorstellung des Mangels geschaffen.	Der einzige Sinn des Lebens ist Überleben.
Wir sind da, um zu lernen und zu wachsen.	Positives Denken ist unrealistisch.
Angst ist destruktiv.	Die Welt ist schlecht.
Liebe und Respekt sind unerschöpfliche Güter.	Meine Überzeugungen sind wahr, sie lassen sich nicht ändern.
Meine hohe Selbstachtung wirkt sich positiv auf das Leben anderer aus.	Meine niedrige Selbstachtung interessiert andere keinen Deut.
Allseitige Selbstachtung kann globalen Wohlstand erzeugen.	Mangel ist die einzige Realität.

Der Reichtum des Universums

....

Der Reichtum des Universums ist für mich da. **Merksatz**

....

- Sagen Sie sich diesen Merksatz vor. Es macht nichts, wenn Sie ihn zunächst nicht glauben. Lassen Sie die negativen Gedanken einfach los, sie tun Ihnen nicht gut und werden weder Ihren Wohlstand noch Ihr Selbstbewußtsein vergrößern.

Erfahren Sie den wahren Reichtum des Universums. Es gibt so viel von allem! Schneiden Sie eine Tomate auf und sehen Sie nach, wie viele Samen in ihrem Inneren sind, so viele Nachkommen aus einer Frucht! Nehmen Sie eine Pusteblume und achten Sie auf die davonfliegenden Samen: Wie viele zukünftige Löwenzahn-Pflanzen können Sie erkennen? Die Welt ist von Natur aus fruchtbar. Es gibt keinen Mangel an atembarer Luft, es sei denn, wir beschließen, sie zu verpesten. In der Natur herrscht Harmonie, alles ist im Gleichgewicht, es sei denn, wir beschließen, ein Ungleichgewicht zu schaffen. Gehen Sie los und halten Sie Ausschau nach Fülle und Wohlstand, und Sie werden überall fündig werden. Je mehr Sie sich diesem Reichtum öffnen, desto mehr werden Sie davon zu sich herholen, und das werden auch die Menschen in Ihrer Umgebung spüren. Diejenigen Menschen, die zu einem Bewußtseinswandel bereit sind, werden sich Ihrer neuen Denkweise anschließen. Wohlstands-Bewußtsein ist ansteckend. Was Sie für wahr halten, wird in irgendeiner Weise auch Realität für Sie werden. Ändern Sie also Ihre Mangel-Ansichten und üben Sie statt dessen jede Menge Wohlstands-Überzeugungen ein.

Das Bewußtein von Fülle und Wohlstand kann unseren Planeten verändern. Wir müssen nicht miteinander wetteifern, wir können zusammenarbeiten. Es ist von allem genug da – für alle.

Wohlstand und Geld

Alles, was mit »Wohlstand« zu tun hat, betrifft unsere individuelle Lebensqualität, und daher kann die Aufforderung, den eigenen Wohlstand zu vergößern, für jeden von uns etwas anderes bedeuten. Wir können materiell gesehen reich sein und trotzdem kein Gefühl des Wohlstands verspüren, denn mit diesem Begriff ist auch die Empfindung des Lebendigseins, des Wohlbefindens, der Selbstachtung verbunden – alles Dinge, die man nicht mit Geld kaufen kann.

Was bedeutet nun »Wohlstand« für Sie? Sind Sie reich an Erfolg, Beziehungen, Gesundheit, Einsichten? Vielleicht würden Sie ja tatsächlich, wenn Sie mehr Geld hätten, größeren Wohlstand verspüren.

Was ist Geld? Geld besitzt keinen Wert an sich. Es stellt lediglich ein Symbol dar, das wir für den Tauschhandel der Produkte unserer schöpferischen Energie einsetzen. Aber da gibt es bestimmte Aspekte, die uns stark am Geld interessieren und beschäftigen:

• Höhe des Einkommens;
• Art des Verdienstes;
• Ausgabeverhalten;
• Ärger, daß wir nicht genug davon haben;
• Schuldgefühle, weil wir zu viel davon besitzen.

Geld, dazu alles, was damit zusammenhängt – es zu verdienen (in zweifacher Hinsicht), davon zu viel, zu wenig haben –, ist ein äußerst umstrittener Themenkomplex. Jede Diskussion ums liebe Geld wird sehr schnell sehr emotional, weil es auf einer bestimmten Ebene als Maßstab für unseren materiellen Wert gesehen werden kann. Wenn wir nicht genug Geld verdienen, um das Gefühl des Wohlstands zu erleben, dann wirkt sich das auch auf unsere Selbstachtung aus. Wie kann ich Selbstachtung verspüren und selbstbewußt sein, wenn man meine schöpferische Energie nicht zu schätzen weiß? Anders ausgedrückt: Wenn meine Arbeit mir kein komfortables Leben beschert, leidet darunter vielleicht mein Selbstwertgefühl.

Wenn ich in der Gruppe mit Arbeitslosen arbeite, treffe ich auf ein Rekordtief in puncto Selbstachtung. Dabei besteht nicht immer eine Verbindung zwischen hoher Selbstachtung und finanziellem Reichtum. Ich kenne reiche Menschen, die sehr unsicher und unglücklich sind. Der entscheidende Zusammenhang zwischen unserer Selbstachtung und Geld liegt in unseren Ansichten über das Geld. Im folgenden Fragebogen können Sie Ihre Überzeugungen prüfen.

Geld-Ansichten

Welche dieser Aussagen halten Sie für wahr?

□ Fragebogen

---

1 Geld ist schmutzig.

2 Wahrhaft kreative Menschen werden niemals reich.

3 Zu Geld kommt man nur, wenn man die Leute übers Ohr haut.

4 Ich bin arm, aber ehrlich.

5 Wenn ich Geld hätte, würde ich mich deswegen schuldig fühlen.

6 Geld macht man nur, wenn man wirklich hart arbeitet.

7 Wenn ich zu Geld käme, würden mich manche Leute vielleicht nicht mehr mögen.

8 Das Geld fällt nicht vom Himmel.

9 Menschen mit viel Geld sind geizig.

10 Ich wüßte gar nicht, was ich mit so viel Geld anstellen sollte.

11 Meine Eltern waren schon arm, und ich bin es auch.

12 Geld verdirbt den Charakter.

13 Wenn ich Geld hätte, würde ich nie herausfinden, wer meine wahren Freunde sind.

Keine dieser Behauptungen wird Ihnen helfen, Geld anzulocken, ganz im Gegenteil.

An welche Aussagen glauben Sie? Woher stammen Ihre Ansichten über Geld?

Gefühle, Gedanken, Verhalten in Sachen Geld

1 Meine größte Sorge in bezug auf Geld ist …

□ Übung

Notizen

---

2 Welche Ansichten über Geld hatten Ihre Eltern?

Notizen

---

3 Wie ging man in Ihrer Familie mit finanziellen Angelegenheiten um?

Notizen _____

_____

_____

_____

4 Wie gehen Sie jetzt mit Geldangelegenheiten um?

Notizen _____

_____

_____

_____

5 Möchten Sie Ihr Verhalten in Gelddingen in irgendeiner Weise ändern? Wenn ja, was möchten Sie anders machen?

Notizen _____

_____

_____

_____

6 Haben Sie irgendwelche Ansichten über Geld, die Sie gerne revidieren wollen?

Notizen _____

_____

_____

_____

Was hat Ihnen nun diese Übung gezeigt? Gibt es einen Zusammenhang zwischen Ihren Ansichten, Verhaltensweisen und Gefühlen und denen Ihrer Eltern? Was würden Sie an Ihrem Verhältnis zu Geld gerne ändern?

Bewußtseinswandel in Sachen Geld

A Vergegenwärtigen Sie sich Gefühle/Verhaltensweisen/Gedanken rund ums Geld, die Sie blockieren.

B Suchen Sie nach den Überzeugungen hinter diesen Blockaden.

C Formulieren Sie positive Merksätze, die das Gefühl des Sich-Entfaltens und des Wohlstands fördern.

D Fragen Sie sich nach möglichen Gründen, warum Sie an diesen Blockaden festhalten.

E Bekräftigen Sie in einem Merksatz, daß Sie bereit sind, sich zu ändern.

Sie müssen die Punkte A bis E sorgfältig durchgehen, damit Sie die Ansichten ändern können, die Sie blockieren.

A Verhalten: *Ich bin sehr geizig. Ich kaufe nur Sonderangebote.*

B Überzeugung: *Ich bin ein armer Mensch.*

C Merksatz: *Ich bin reich, ich habe Anteil am Überfluß des Universums.*

D *Ich habe bislang an dieser Überzeugung festgehalten, weil sich, wenn ich arm bin, andere Menschen nicht durch mich bedroht fühlen und mich deshalb mögen.*

E Merksatz: *Ich bin jetzt bereit, mich zu ändern.*

Mein persönliches Aktionsprogramm

A Konzentrieren Sie sich auf einen Sie blockierenden Gedanken/eine Verhaltensweise/ein Gefühl, auf etwas Hinderliches, das Ihre Haltung gegenüber Geld beeinflußt. Schreiben Sie es hier nieder.

_____

_____

_____

_____

B Welche Überzeugung liegt dieser Blockade zugrunde?

_____

_____

_____

_____

□ Aktions-
programm

□ Beispiel

□ Übung

Notizen

Notizen

C Formulieren Sie einen Merksatz, der dieser Überzeugung widerspricht.

Notizen _____

_____

_____

_____

D Ich habe bislang an dieser Blockade festgehalten, weil ...

Notizen _____

_____

_____

_____

E Schreiben Sie diesen Merksatz auf: »Ich bin jetzt bereit, mich zu ändern.«

Notizen _____

Dieses Aktionsprogramm wird Ihnen helfen, die Ursprünge aller Sie behindernden Meinungen zum Thema Geld freizulegen und umzuwandeln.

Sollte diese Übung irgendwelche Einflüsse aus der Kindheit zutage fördern, die Ihrem Gefühl nach noch immer wirksam sind, dann *verzeihen* Sie Ihren Eltern. Sie haben keine Schuld, denn sie wurden durch das blockiert, was sie wiederum von *ihren* Eltern gelernt haben.

Lassen Sie die Vergangenheit hinter sich und schreiten Sie voran – in eine Welt des Wohlstands und der Fülle. Wenn Sie wirklich glauben, daß Sie alles Geld verdient haben, das Sie benötigen, dann wird es auch zu Ihnen kommen.

Der Weg zu mehr Geld

Wir haben bereits weiter vorne im Buch erfahren, in welchem Zusammenhang hohe Selbstachtung und innere Balance stehen. Wenn unser Tun und Sein im Gleichgewicht sind, dann befinden sich Geist, Körper, Seele und Gefühle in einem harmonischen Verhältnis, und wir setzen unser ganzes Selbst ein, um unser Leben zu gestalten.

Was nun die Vergrößerung unseres Einkommens angeht, kann es durchaus sein, daß wir selbst aktiv werden müssen: Wir suchen uns einen Job oder schaffen uns selbst Arbeit, wir gehen Risiken ein, treffen Entscheidungen – was auch immer vonnöten ist. Es gibt aber auch andere Vorgehensweisen, die zur Sein-Seite unserer Persönlichkeit gehören. Dieses *innere Vorgehen* kann auf dem Gebiet des Geldverdienens zu erstaunlichen Ergebnissen führen.

Gedanken bestimmen die Wirklichkeit

Der Gedanke wird Gestalt. Das heißt, daß alles, was wir konkret in unserem Leben geschaffen haben, einmal ein Gedanke war. Ihr Haus war einmal ein Gedanke im Kopf eines Architekten, Ihr Abendessen ein Gedanke, bevor Sie es zubereiteten, dieses Buch ein Gedanke, bevor ich es schrieb. Dies ist eigentlich eine ganz banale Vorstellung, und doch hat sie tiefgreifende Folgen.

Betrachten Sie Ihre Gedanken als Magnete. Wenn Sie sie hinaus in die Welt senden, ziehen diese Magnete ihr materielles Gegenstück an. *Gedanken sind Dinge.* Passen Sie also auf, was

Auch Ihr Haus war zunächst ein Gedanke.

Sie denken. Wenn Sie in Ihrem tiefsten Inneren nicht daran glauben, daß Sie etwas verdient haben, dann können Sie davon ausgehen, daß Sie es auch nie bekommen werden. Sie schicken »Nichtverdient«-Magnete aus, und entsprechend ist dann auch die Realität, die sich schließlich formt. Darum müssen Sie sich über Ihre Geld-Ansichten ganz im klaren sein, denn nur so können Ihre Gedanken-Magnete Kräfte ausstrahlen, die Geld anziehen und nicht abstoßen.

Innerste Wünsche wirklich machen

Erweitern Sie Ihr Denken durch den Einsatz der Phantasie. Stellen Sie sich ganz plastisch vor, was Sie sich für Ihr Leben am meisten wünschen. Wenn Gedanken auftauchen wie »Das geht ja doch nicht«, ignorieren Sie sie einfach fürs erste. (Was haben Ihnen solche Gedanken jemals eingebracht?) Konzentrieren Sie sich auf

□ Übung

Möglichkeiten. Denken Sie in großen Maßstäben, erweitern Sie Ihre Grenzen, ändern Sie Ihre Erwartungen, seien Sie erfinderisch. Genießen Sie diese Übung.

Bitte schreiben Sie all die Dinge auf, die Sie Wirklichkeit werden lassen möchten. Vergessen Sie nicht, daß Ihre Gedanken Magnete sind, und achten Sie deshalb darauf, daß Ihre Gedanken so klar wie möglich sind.

Notizen

_____

_____

_____

_____

Auch im Alltag sollten Sie mit diesen Vorstellungen spielen. Fassen Sie den starken, klaren Vorsatz, das, was Sie wollen, auch zu bekommen, und malen Sie sich diese Möglichkeit so realistisch aus, wie es nur geht. Konzentrieren Sie sich auf das Ergebnis, und die Mittel, um es zu erreichen, werden Ihnen schließlich zufliegen.

Schließen Sie die Augen, lassen Sie das gewünschte Resultat vor sich erstehen; spüren und schmecken Sie Ihren Erfolg. Schauen Sie sich zu, wie Sie das gesteckte Ziel erreichen. Gestalten Sie die visuelle Vorstellung so wirklichkeitsnah wie möglich.

Ihr Leben wird in jedem Augenblick von der Kraft Ihrer Gedanken, Erwartungen und bildlichen Vorstellungen geprägt. Aber was prägen Sie da? Leben Sie in blühendem Wohlstand? Wie steht es mit der Selbstachtung? Was ziehen Ihre Gedanken-Magnete in Ihr Leben hinein? Was stoßen sie ab? Achten Sie auf Ihre Gedanken; bilden Sie mächtige, positive Merksätze; stellen Sie sich bildlich vor, wie diese Merksätze wirken, und lassen Sie Ihre innersten Wünsche zu greifbaren Tatsachen werden.

Wie Sie Ihr Leben heilen

»Heilen« bedeutet vom Wortsinn her »ganz machen«. Da wir auf der geistigen, seelischen, physischen und emotionalen Ebene zugleich existieren, schließt unsere _Heilung_ immer das Ausbalancieren dieser Aspekte unserer Persönlichkeit ein. Abbildung 9 zeigt, wie diese vier Bereiche zusammenwirken und unser ganzes Selbst bilden. Wenn wir uns im Gleichgewicht befinden, fließt die Energie ungehindert dahin, unsere geistigen, seelischen, physischen und emotionalen Kräfte sind austariert: Uns geht es gut. Wird dieser Kreislauf aus irgendeinem Grund unterbrochen, dann geraten wir aus der Balance – *Un*heil droht und wir werden krank.

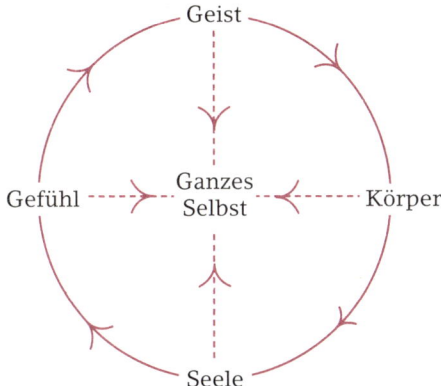

Abbildung 9
Das ganze Selbst

Ihre Heilung bleibt im Grunde allein Ihnen überlassen. Nur Sie können die subtile Wechselwirkung zwischen Ihren Energien verstehen; nur Sie können wissen, was Sie für die eigene geistige, emotionale, seelische und körperliche Gesundheit brauchen.

Zu Unterbrechungen des Energieflusses kommt es, wenn wir nicht mehr auf unsere inneren Botschaften hören, wenn wir uns nicht zu wahren Gefühlen bekennen, wenn wir den eigenen Wert verleugnen und uns nicht mehr um uns selbst kümmern.

Als Kleinkinder drücken wir gewöhnlich alle Bedürfnisse ungehemmt aus, aber mit dem Erwachsenwerden fangen wir an, unsere verwundbaren Stellen zu »schützen«, indem wir Verteidigungswälle errichten (die aber in Wirklichkeit keine Schutzfunktion besitzen). Unser familiäres Umfeld konditioniert uns auf vielerlei Art und Weise. Wir übernehmen negative Ansichten über uns selbst und die Welt und halten sie für wahr – aber sie sind nicht wahr.

Wenn ich gelernt habe zu glauben, daß ich zu nichts nütze und wertlos bin, dann wirkt sich diese Überzeugung auf alle Ebenen meines Daseins aus. Wenn ich mir ein geringes Selbstbewußtsein angeeignet habe, fürchte ich mich davor, meine Gefühle angemessen auszudrücken; ich verberge meine wahren Empfindungen, und das beeinträchtigt meine gesamte Persönlichkeit. Verborgene Gefühle beginnen zu faulen und ziehen andere schadenbringende Gefühle und negative Anschauungen an. Kein Wunder, daß wir krank werden.

Übung ▣ **Auswirkungen von Gedanken und Gefühlen auf den Körper**

Wie drücken sich Ihre Gedanken und Gefühle körperlich aus?

1 Denken Sie an ein Ereignis zurück, das Ihnen Furcht einjagte. Malen Sie sich den Vorfall so genau wie möglich aus. Erleben Sie Ihre Furcht nach und achten Sie auf körperliche Reaktionen. Wie verhielt sich Ihr Körper?

Notizen _____

_____

_____

_____

2 Erinnern Sie sich nun an eine sehr glückliche Zeit in Ihrem Leben. Stellen Sie sich alles ganz plastisch vor und erleben Sie Ihre körperlichen Reaktionen nach. Wie reagierte Ihr Körper? Wie sah es mit Ihrer Energie aus?

Notizen _____

_____

_____

_____

3 Denken Sie an eine sehr unglückliche Zeit in Ihrem Leben. Wie reagierte Ihr Körper?

Notizen _____

_____

_____

_____

4 Können Sie sich an eine Zeit mit sehr niedrigem Selbstwertgefühl erinnern? Versuchen Sie bis an den Kern Ihrer Empfin-

dungen vorzudringen. Wie fühlten Sie sich körperlich? Wie war Ihre Körperhaltung? Wie sah es mit Ihrer Energie aus? Gab es irgendwelche physischen Symptome?

Notizen

_____

_____

_____

_____

Überlegen Sie sich in aller Ruhe Ihre ganz persönlichen körperlichen Reaktionen auf unterschiedliche Gemütszustände. Können Sie einen Zusammenhang zwischen niedriger Selbstachtung und unangenehmen körperlichen Symptomen feststellen? Gibt es eine Verbindung zwischen Ihren emotionalen Hochs und Tiefs und Ihrem körperlichen Wohlbefinden?

Signale des Körpers

□ Übung

Achten Sie den ganzen Tag über auf die Botschaften Ihres Körpers. Wenn Sie einen Stimmungswandel an sich feststellen, registrieren Sie, wie Ihr Körper reagiert. Diese Übung kann äußerst aufschlußreich sein. Wenn Sie sich daran gewöhnen, dem Körper wie ein »Zeuge« gegenüberzustehen, werden Sie sich allmählich auch der eigenen Körpersprache bewußt werden. Ihr Körper teilt sich Ihnen auf vielerlei Art und Weise mit, hören Sie ihm nur zu und gehen Sie auf seine Bedürfnisse ein.

Unser Körper spiegelt unsere innere Verfassung wider. Welche Art von Grundüberzeugungen sind für Ihre Denkmuster verantwortlich? Sind sie hilfreich und stabilisierend oder negativ und deprimierend? Dürfen Ihre Gefühle ausgedrückt und damit losgelassen werden, oder sitzen sie in Ihrem Inneren fest und ziehen ärgerliche und finstere Gedanken an?

Wollen Sie gesund sein? Das ist eine Frage, um die Sie nicht herumkommen. Manchmal zahlt es sich für uns aus, krank zu sein. Wir können die Krankheit einsetzen, um uns vor Verantwortung jeglicher Art zu drücken, und/oder wir benutzen unsere Krankheit, um nein zu sagen in einer Situation, in der wir uns nur schwer auf andere Art und Weise durchsetzen könnten. Vielleicht sind wir auch nicht imstande, gut zu uns selbst zu sein, und die Krankheit bedeutet, daß sich jemand anderes um uns kümmert.

Eine Krankheit kann man nicht heilen, indem man ein körperliches Symptom »heilt«: Das ist, als würde man eine tiefe, eiternde Wunde nur mit einem Pflaster bedecken. Wir müssen da schon tiefer gehen, über unsere bloßen Symptome hinaus.

Wir können lernen, unsere Denkmuster zu verändern und unsere wahren Gefühle auszudrücken. Wenn wir den eigenen Wert erkennen, wenn wir Zugang zu den eigenen Gefühlen haben und anderen unsere Bedürfnisse klar mitteilen können, wenn wir auf unsere körperlichen Bedürfnisse eingehen können – dann kann unsere Lebensenergie ungehindert fließen und wir fühlen uns gut.

Übung 🔲 **Gesundheit und Krankheit**

Sind Sie bereit, Ihre Denkmuster zu ändern? Wollen Sie nicht länger ein Opfer Ihrer eigenen Emotionen sein? Wollen Sie gesund sein?

1 Denken Sie an Ihre Kindheit zurück. Wie war das, wenn Sie als Kind krank waren?

Notizen _____

_____

_____

_____

2 Welche unterschwelligen Botschaften, das Kranksein betreffend, empfingen Sie von Ihren Eltern?

Notizen _____

_____

_____

_____

3 Wie reagierten Ihre Eltern auf Ihre Krankheit?

Notizen _____

_____

_____

_____

4 Gab es etwas am Kranksein, das Ihnen als Kind gefiel?

_____ **Notizen**

_____

_____

_____

5 Wirken sich irgendwelche Kindheitsvorstellungen, das Kranksein betreffend, auf Ihren heutigen Gesundheitszustand aus?

_____ **Notizen**

_____

_____

_____

6 In welcher Weise beeinflussen Sie selbst Ihren Gesundheitszustand?

_____ **Notizen**

_____

_____

_____

7 Wollen Sie Ihre Situation ändern? Was möchten Sie gerne ändern?

_____ **Notizen**

_____

_____

_____

Heilen Sie sich selbst

Sobald wir anfangen, auf unsere Intuition zu vertrauen, und gut zu uns selbst sind, vergrößern wir unsere Selbstachtung. Sobald wir uns selbst respektieren, fällt es uns leichter, bestimmt aufzutreten und den Menschen in unserem Leben unsere Bedürnisse klar mitzuteilen. Drücken wir ehrlich aus, was wir meinen, dann reagiert auch der Körper auf unsere emotionale Aufrichtigkeit, und die uns blockierenden Verhaltensmuster verändern sich allmählich.

Wenn Sie krank sind, versucht der Körper, Ihnen etwas zu sagen. Hören Sie auf seine Botschaften. Warum sind Sie krank? Sie erinnern sich: *Gedanken sind Dinge.* Welchen Gesundheitszustand ziehen Ihre Gedanken-Magnete an? Was sagen Ihre Symptome über Ihren Energiehaushalt aus? Wandeln Sie alle blockierenden Denk-, Gefühls- und Verhaltensmuster in positive um, und Sie setzen Ihre Energien frei und heilen sich selbst.

Wir können uns heilen, sobald wir die Denkmuster erkannt haben, die mit bestimmten Krankheiten zusammenhängen. Wir können jede Krankheit als ein negatives Denkmuster beschreiben und dann einen Heilungs-Merksatz formulieren, der helfen kann, das Muster zu durchbrechen. Diese Betrachtungsweise von Krankheit verleiht Kraft; die Verantwortung für unser Wohlergehen wird in unsere Hände gelegt, die Selbstachtung wächst.

Vergleichs-tabelle 🔲 **Häufige Beschwerden, zugrundeliegende Denkmuster und Heilungs-Merksätze**

Symptome	Denkmuster	Heilungs-Merksätze
Rückenschmerzen	Mangel an Unterstützung; das Gefühl, andere unterstützen zu müssen.	Das Universum trägt und unterstützt uns alle.
Kopfschmerzen	Niedrige Selbstachtung; Selbstvorwurf: »Ich bin wertlos.«	Ich liebe und schätze mich.
Augenbeschwerden	Man blickt auf das eigene Leben, und es gefällt einem nicht.	Ich schaffe mir Schönheit im Leben.
Fußbeschwerden	Angst davor, sich ins Leben hinauszuwagen.	Ich komme bestens voran, Liebe und Freude begleiten mich.
Nackenschmerzen	Mangel an Flexibilität; man nimmt andere Standpunkte nicht zur Kenntnis.	Ich betrachte die Dinge von allen Seiten. Flexibilität birgt kein Risiko.
Halsbeschwerden	Weigerung, die eigenen Bedürfnisse mitzuteilen; Furcht vor Veränderung.	Ich kann meine Meinung äußern, und ich bin bereit, mich zu ändern.

Körperliche Symptome verweisen auf Energie-Blockaden. Ändern Sie Ihr Denken mit Hilfe der Heilungs-Merksätze und durchbrechen Sie die Blockaden. Das Geheimnis ist einfach:

Liebe dich selbst.
Verzeih dir selbst.
Laß alle Vorwürfe los.
Laß alle negativen Denkmuster los.
Achte auf deinen Körper.
Vertraue auf deine Intuition.
Stärke deine Selbstachtung.

Sie sind ein wertvoller und liebenswerter Mensch, der es verdient, gesund zu sein.

....

Ich verdiene es, vollkommen gesund zu sein.   **Merksatz**

....

● Schreiben Sie diesen Merksatz hier auf:

_____   **Notizen**

Glauben Sie an ihn und heilen Sie Ihr Leben.

Verwenden Sie die folgenden Merksätze so oft wie nur möglich. Schreiben Sie sie auf, sprechen Sie sie laut aus, singen Sie sie. Hüllen Sie sich ein in heilende Gedanken und spüren Sie, wie Ihre Lebensenergien darauf ansprechen!

....

Ich verdiene vollkommene Gesundheit.   **Gesundheits-**
Ich liebe meinen Körper.   **Merksätze**
Ich kann mich selbst heilen.
Ich höre auf die Botschaften meines Körpers und folge ihnen.
Ich schaffe Harmonie und Ausgewogenheit in meinem Körper.
Die Lebensenergie fließt ungehindert durch meinen Körper.
Ich traue meinen inneren Botschaften.
Gesund sein ist ohne Risiko.
Ich bin jetzt bereit, gesund zu werden.
Ich liebe und schätze mich.

....

Entdecken Sie Ihre Lebensaufgabe

Nur Sie ganz allein sind Sie selbst. Nur Sie können das leisten, wozu Sie auf der Welt sind. Die Kombination Ihrer besonderen Fähigkeiten ist einzigartig und unersetzlich. Sie sind zu einem bestimmten Zweck hier: um Ihre Lebensaufgabe zu erfüllen.

Glauben Sie, daß dies wahr ist? Haben Sie Ihre Lebensaufgabe schon entdeckt?

Was ist Ihre Lebensaufgabe?

Seine Lebensaufgabe zu erfüllen heißt eigentlich nichts anderes, als seinen eigenen Weg zu gehen. Lebendigkeit, Stärke, hohe Selbstachtung, Harmonie, Offenheit, Freude und Zufriedenheit stellen sich dann von selbst ein. Wenn Ihr Leben Ihnen dies alles geben kann, wenn Sie das Gefühl haben, Sie tun genau das Richtige, wenn Sie die Motivation in sich verspüren, dies oder jenes zu unternehmen, und auch die nötige Energie dafür haben, dann haben Sie Ihren Lebenszweck gefunden. Trifft dies für Sie zu?

Ihre Lebensaufgabe ist jede Art von Tätigkeit, die Ihnen Antrieb gibt und Sie fesselt. Das kann Ihr Brotberuf sein, muß aber nicht. Ihre Lebensaufgabe kann z.B. darin bestehen, sich um Ihre Familie zu kümmern. Wenn Ihnen das Befriedigung verschafft, ist es das Richtige für Sie. Ihr Weg verläuft aber nicht immer geradlinig. Vielleicht finden Sie irgendwann, Ihre Angehörigen sollten sich jetzt langsam um sich selbst kümmern. Den dann freiwerdenden Teil Ihrer Energie können Sie anderweitig einsetzen.

Sie werden es unweigerlich zu spüren bekommen, wenn Sie Ihrer Lebensaufgabe nicht nachkommen. Sie sind unzufrieden, Ihnen fehlt etwas, Ihr Selbstwertgefühl ist niedrig, Sie haben keine Energie und fühlen sich rundum miserabel. All dies signalisiert, daß es an der Zeit ist, den Kurs zu ändern. Aber woher wissen wir, in welche Richtung wir uns wenden sollen?

Denken Sie an die verschiedenen Tätigkeiten, die Sie interessieren und Ihnen Spaß machen. Das schließt alle Dinge ein, die Sie gerne und mit Selbstvertrauen tun. Vielleicht handelt es sich dabei um Hobbys, Hausarbeit, Schreiben, Pflegetätigkeiten, Reperaturarbeiten, Kochen, Autofahren, Angeln, Nähen, Sport, Gartenarbeiten, Malen, Musizieren ... Die Möglichkeiten sind unbegrenzt.

Dinge, die ich am liebsten tue

Machen Sie eine Aufstellung Ihrer Lieblingsaktivitäten und geben Sie an, warum Sie Ihnen Spaß bereiten und welche Aspekte Ihnen dabei besonders befriedigend erscheinen. Denken Sie gründlich nach! Einige der Antworten werden Sie vielleicht selbst überraschen.

Aktivität ——————   Warum sie mir Spaß macht ——————

———————————   —————————————————

———————————   —————————————————

———————————   —————————————————

———————————   —————————————————

———————————————————————————————

Lieblingsbeschäftigungen können Ihnen Hinweise geben, worin Ihre Lebensaufgabe eigentlich besteht. Denn Sie setzen bei diesen Aktivitäten aufeinander abgestimmte Fertigkeiten ein, denen Ihre ganz persönlichen Begabungen und Stärken zugrundeliegen. Daraus wiederum läßt sich die Lebensaufgabe ableiten.

In einem Fall nannte eine Frau bei dieser Übung als Lieblingsbeschäftigungen u.a.: lesen, stricken, sticken und sich um ihr Kleinkind kümmern. Sie glaubte zunächst, diese Übung habe ihr nichts gebracht, weil sie aus keiner dieser Tätigkeiten einen Beruf machen wollte. Als ich aber fragte, *warum* ihr diese Aktivitäten Spaß machten, stellte sich schließlich heraus, daß sie eine Vorliebe für alles hatte, was viel Geduld und Hingabe erfordert. So kümmerte sie sich sehr gern um ihr eigenes Kind, meinte aber, nicht auf die Kinder anderer Leute aufpassen zu wollen. Zwei Jahre später nun geht dieselbe Frau glücklich und zufrieden einer Teilzeitbeschäftigung in einem Seniorenheim nach; zudem holt sie in Abendkursen ihr Abitur nach und möchte dann eine Ausbildung in einem sozialen Beruf machen.

Blicken Sie hinter Ihre Antworten; versuchen Sie herauszufinden, welche besonderen Fähigkeiten Sie für die jeweilige Tätigkeit brauchen, denn dadurch eröffnen sich Ihnen vielleicht wichtige Verbindungen zwischen ganz unterschiedlichen Interessensgebieten.

Verwenden Sie mehr Zeit auf Dinge, die Ihnen Vergnügen bereiten. Das heißt vielleicht, daß Sie in anderen Lebensbereichen Ihre Zeit besser einteilen müssen, um Luft zu haben für Sachen, die Ihnen am Herzen liegen. Damit senden Sie eine wichtige Botschaft an sich selbst und Ihre Mitmenschen: Sie sagen nämlich, daß Sie das *Recht* haben zu tun, was Ihnen am meisten Spaß macht, und daß Sie das dazu notwendige, straffere »Zeitmanagement« in Kauf nehmen.

Manchmal regt sich in unserer Umgebung Widerstand, sobald wir beginnen, den eigenen Bedürfnissen Vorrang zu geben. Wenn diese Aktivitäten Sie glücklich machen, dann werden auch andere Menschen mit der neuen Situation fertigwerden. Vergessen Sie nicht: Niemand kann Ihnen Schuldgefühle machen, niemand kann Ihnen irgendwelche Empfindungen einreden. Sie suchen sich diese Gefühle selbst aus. Vorsicht also, daß Sie nicht Schuldgefühle vorschieben, um die eigene Entwicklung zu stoppen.

....

Merksatz Ich bin bereit, meine Lebensaufgabe zu entdecken.

....

- Wenn Sie diesen Merksatz hier niederschreiben, verkünden Sie damit Ihren Entschluß, ein erfülltes Leben zu beginnen:

Notizen _____

Vom Hobby zum Lebensunterhalt

Sie können aus dem, was Sie am liebsten tun, eine finanziell einträgliche Beschäftigung machen. Ihre Lebensaufgabe wird so zu Ihrem Lebensunterhalt. Fangen Sie an, Geld und Ihre freiwilligen »Dienstleistungen« unter einen Hut zu bringen.

Vielleicht passen Sie gerne auf Kinder auf: Verlangen Sie etwas für Ihre Dienste! Wenn Sie ein geschickter Mechaniker sind, lassen Sie sich die Reparaturarbeiten bezahlen. Es ist manchmal nett, unsere Fähigkeiten rein zum Wohle der Mitmenschen einzusetzen, aber wenn wir für andere immer nur gratis arbeiten, hört der Spaß vielleicht irgendwann auf. Können Sie den Problemen anderer Leute zuhören, möchten Sie diesen Leuten vielleicht auch weiterhelfen. Sie haben dann möglicherweise den Wunsch, Ihre

Fähigkeiten auszubauen, d.h. sich die nötige psychologische Qualifikation anzueignen, um so aus Ihrer Befähigung einen Beruf zu machen. Sollten Sie handwerkliches Geschick besitzen oder gut malen oder schreiben, können Sie sich überlegen, ob Sie Ihre jeweiligen »Werke« nicht verkaufen wollen. Wenn Sie für Ihre Dienste niemals Geld verlangen, dann sind Sie immer gezwungen, zum Broterwerb anderen als Ihren Lieblingsbeschäftigungen nachzugehen – und damit fehlt Ihnen vielleicht die Zeit, Ihre Begabung weiterzuentwickeln.

Gehen Sie noch einmal die Liste der Aktivitäten durch, die Ihnen am meisten Spaß machen. Können Sie Ihre Fähigkeiten in irgendeiner Weise weiter ausbauen? Das heißt aber nicht, daß Sie alle anderen Betätigungen sausen lassen, um einem Traum nachzujagen. Es heißt vielmehr, daß Sie diesen Traum auf sehr konstruktive und verantwortungsvolle Weise verfolgen. Wenn Sie eine Zusatzausbildung oder -qualifikation benötigen, fahren Sie mit Ihren üblichen Aktivitäten fort und belegen Sie Abendkurse oder machen Sie ein Fernstudium.

Liegt Ihnen ein bestimmtes Ziel wirklich am Herzen, dann werden Sie auch die Energie für alles Notwendige aufbringen; Interesse ist eine große Antriebs-, Langeweile eine große Bremskraft. Wenn wir das tun, was uns interessiert, bekräftigen wir die Wahl unserer Tätigkeit. Wir sagen: »Es steht mir zu, das zu tun, was mir Spaß macht.« Diese Botschaft steigert unser Selbstwertgefühl.

Widmen wir uns dagegen nur Aufgaben, die uns nicht interessieren, dann sagen wir: »Ich habe es nicht verdient, mein Leben zu genießen.« Unsere Selbstachtung liegt darnieder.

Machen Sie sich keine Sorgen, falls Ihr Traumziel in weiter Ferne liegt und Sie nicht wissen, wie Sie es erreichen sollen. Wenn Sie es wirklich mit ganzer Kraft ansteuern, dann ist alles möglich. Achten Sie aber darauf, daß dieses Ziel nicht von vornherein als unerreichbar erscheint, denn sonst werden Sie zögern, überhaupt den ersten Schritt zu tun. Manchmal seufzen wir: »Ach, wenn ich nur dies oder das tun könnte ...« oder »Ich wäre/täte so gerne ... Aber es ist unmöglich.« Manchmal *machen* wir aus unseren Wünschen Hirngespinste, weil wir uns vor einem möglichen Scheitern fürchten. Wenn Sie noch nicht ganz so weit sind, um aufzubrechen und Ihre Träume zu verwirklichen, dann ist das auch nicht schlimm. Ist die Zeit reif, werden Sie schon entsprechend handeln.

Stellen Sie sich vor,
Sie hätten eben
Ihren Traumjob
bekommen …

Lassen Sie uns einmal prüfen, wie der perfekte Job für Sie aussehen könnte. Malen Sie sich in Ihrer Phantasie ungehemmt alle Eigenschaften aus, die Ihr Traumjob haben sollte. Sie können diese Übung natürlich als bloße Gedankenspielerei betrachten, die Meilen von jeder Realität entfernt ist. Andererseits sollten Sie nicht vergessen, welche Macht Gedanken und visuelle Vorstellungen haben. Wenn wir eine bestimmte Situation innerlich bekräftigen und uns bildlich vorstellen, dann können wir sie in unsere Wirklichkeit hineinholen.

Wenn Sie sich Ihren Traumberuf ausmalen, stellen Sie ihn sich in möglichst vielen Details vor. Lassen Sie Ihrer Einbildungskraft die Zügel schießen und versetzen Sie sich mit Haut und Haaren in die neue Lebenssituation. Sie sehen sich lächeln und sind voller Selbstvertrauen, Sie haben richtig Spaß dabei. Je deutlicher und plastischer Ihre Bilder werden, desto stärker wirken Ihre geistigen Magnete. Senden Sie starke, genaue und lebendige Bilder aus. Bauen Sie auf Ihre Phantasie. Ziehen Sie die neue Wirklichkeit magnetisch an.

Die folgende Übung hilft Ihnen beim Ordnen der Gedanken.

Übung ▣   **Mein Traumberuf**

Beantworten Sie die folgenden Fragen so phantasievoll wie möglich und lassen Sie alle hinderlichen Gedanken beiseite. Dieser Übung sind keine Grenzen gesetzt, nur keine Hemmungen bei Ihrem Wunschbild: *Think big!*

Die Fragen sind so formuliert, als würden Sie den neuen Beruf bereits ausüben; spielen Sie ruhig mit.

1 Beschreiben Sie Ihre Tätigkeiten und die dafür eingesetzten Fähigkeiten.

Notizen _____

_____

_____

_____

2 Arbeiten Sie drinnen oder draußen? Wie kommen Sie zur Arbeit? Sind Sie in einer Stadt oder auf dem Land? Beschreiben Sie Ihren Arbeitsplatz.

_____ **Notizen**

_____

_____

_____

3 Was ist Ihre Funktion? Sind Sie für eine große Firma tätig, sind Sie selbständig, Teil eines Teams, oder arbeiten Sie alleine?

_____ **Notizen**

_____

_____

_____

4 Beschreiben Sie die Arbeitsbedingungen. Ist es ein Streßjob, oder arbeiten Sie in einem entspannten Umfeld?

_____ **Notizen**

_____

_____

_____

5 Beschreiben Sie Ihre Kollegen, falls vorhanden. Wie verstehen Sie sich mit ihnen?

_____ **Notizen**

_____

_____

_____

Wenn Sie beginnen, die Arbeitsbedingungen auf diese Weise genauer zu definieren, schaffen Sie den Rahmen für neue Möglichkeiten in Ihrem Leben. Die Veränderungen werden dann vielleicht nicht ganz genau so ausfallen, wie Sie sich das ursprünglich dachten, auch passieren solche Sachen nicht einfach über Nacht – aber machen Sie mit diesen bildlichen Vorstellungen weiter, und langsam, aber sicher wird sich die Veränderung einstellen.

Der Aktionsplan

Ehe wir etwas unternehmen können, müssen wir uns zunächst über unsere *Absichten* klar werden, dann sind wir imstande zu *entscheiden,* was wir tun werden – und zuletzt erst können wir *handeln.* Wenn wir die erklärte Absicht verfolgen, unsere Lebensaufgabe zu entdecken, und beschlossen haben, was wir ändern wollen, dann erst können wir zur *Aktion* übergehen.

Aktion bedeutet nicht allein, loszulegen und alle Hebel in Bewegung zu setzen. Das gehört natürlich auch zum Gesamtplan, es ist das, was ich den *äußeren Plan* nenne; aber es muß auch einen *inneren Plan* geben. Äußere Veränderungen spiegeln innere wider, und deshalb möchte ich die folgende visuelle Vorstellung als wirkungsvollen *inneren Aktionsplan* vorschlagen, der die gewünschten äußeren Veränderungen herbeiführen kann.

Visuelle ▣
Vorstellung

Innerer Aktionsplan: Symbolmagnet Lebensaufgabe

Setzen Sie sich ganz ruhig hin, entspannen Sie sich und schließen Sie die Augen. Stellen Sie sich vor, Ihre Lebensaufgabe ließe sich bildlich durch ein einziges Symbol darstellen. Verwenden Sie einfach das Zeichen, das Ihnen als erstes in den Sinn kommt, auch wenn es zunächst unpassend scheint.

Ziehen Sie das Symbol eng an Ihren Körper heran und spüren Sie, wie dessen Energie Ihr ganzes Wesen erfüllt ... Halten Sie es einige Minuten lang so ... Spüren Sie, wie die Energie in jede Körperzelle dringt.

Vor Ihnen liegt ein Hügel. Tragen Sie das Symbol auf den Gipfel. Der Weg hinauf fällt Ihnen ganz leicht, Ihr Zeichen wiegt nur wenig. Am Gipfel stoßen Sie auf einen Torbogen. Sie treten unter diesen Bogen, blicken zurück und sehen unten alles liegen, was Ihr Leben ausmacht: Hoffnungen und Ängste, Liebe und Enttäuschungen, Menschen und Orte – all die Erfahrungen, die Sie dorthin gebracht haben, wo Sie sich heute befinden. Sie empfinden Dankbarkeit für *alle* vergangenen Erfahrungen. Der Torbogen führt in Ihre Zukunft, und wenn Sie ihn durchschreiten, werden Sie Ihr Symbol hoch in die Luft werfen, und es wird hinausfliegen in die Welt, die Ihre Zukunft ist.

Nehmen Sie sich ein paar Minuten, um sich zu sammeln, ehe Sie durch den Torbogen gehen. Werfen Sie noch einmal einen Blick auf Ihre Vergangenheit, wenn Sie wollen. Schreiten Sie nun durch das Tor und lassen Sie Ihr Symbol los – die Zukunft beginnt.

Diese mächtige visuelle Vorstellung wird Ihnen bei der Entdeckung und Erfüllung Ihrer Lebensaufgabe helfen. Das Symbol mit seiner geballten Energie – der bildliche Repräsentant Ihrer Lebensaufgabe – kreist durch das Universum und wirkt wie ein starker Magnet. Dieser Gedanken-Magnet wird die Mittel anziehen, mit denen Sie Ihre Wünsche realisieren können. Doch Entwicklungen müssen nicht zwangsläufig in den Bahnen verlaufen, die Sie für sehr wahrscheinlich halten: Flexibilität und Einfallsreichtum sind also gefordert, damit Sie Ihr Ziel erreichen.

Äußerer Aktionsplan: Vom Traum zur Wirklichkeit

Auf Ihrem Weg von der Absicht zum realen Ziel können Sie Ihre Gedanken mit Hilfe der Tabelle auf Seite 140 leichter ordnen.

Absicht: Nennen Sie eines Ihrer Ziele.
Ich will folgendes tun/erreichen: _____

Vorgehensweise: Entscheiden Sie, welche Schritte dazu nötig sind. Arbeiten Sie eine vernünftige Abfolge aus – das verlangt gründliche Überlegung.

Bedarf: Machen Sie eine Aufstellung aller Mittel, die Sie benötigen werden. Dazu können gehören: Hilfe, Beratung, Geld, Unterstützung durch die Familie, Räumlichkeiten ... Ihre erste Liste muß vielleicht nun revidiert werden.

Prüfung: Setzen Sie sich möglichst realistische Termine. Und legen Sie bestimmte Zeitabschnitte fest, nach denen Sie Ihr Werk begutachten und Ihre Fortschritte überprüfen werden.

Änderungen: Dies ist die Spalte für Flexibilität. Ihr Plan muß beweglich konstruiert sein, so daß Sie auf veränderte Umstände reagieren können und nicht am Boden zerstört sind, wenn etwas schiefläuft. Alle Eintragungen in dieser Kolumne wirken sich auf den Gesamtplan aus; stellen Sie sich also darauf ein, daß Sie Ihren schriftlich fixierten Aktionsplan immer wieder abändern müssen.

Die Erklärung dieses Plans klingt komplizierter, als er es selbst eigentlich ist. Denken Sie nur daran, daß es *Ihr* Plan ist und daß es kein richtiges oder falsches Vorgehen gibt. Wenn Sie mehrere Ziele verfolgen, mag es sinnvoll sein, den Plan entsprechend oft zu kopieren. Sie können diese Struktur beim Niederschreiben all Ihrer Vorhaben zugrundelegen, egal, ob sie kurz-, mittel- oder langfristig ausgerichtet sind. Biegen Sie sich den Plan so zurecht, daß er für *Ihre* Zwecke taugt. Wenn Sie schließlich Ihr Ziel erreicht haben, stellen Sie wahrscheinlich fest, daß er ausgedient, seine Schuldigkeit getan hat. Dann ist es vielleicht an der Zeit, einen neuen Plan auszuarbeiten – zur Verwirklichung Ihres nächsten Traums.

Tabelle ▫ **Äußerer Aktionsplan**

Absicht Geben Sie ein Ziel an	**Vorgehensweise** Machen Sie eine Aufstellung der nötigen Schritte	**Bedarf** Stellen Sie die nötigen Hilfsmittel zusammen	**Prüfung** Setzen Sie einen Termin fest, an dem Sie Ihre Fortschritte überprüfen	**Änderungen** Tragen Sie alle nötigen Änderungen ein

Wenn Ihr Ziel ein wenig zu hoch gegriffen erscheint – »Ich möchte Filmstar werden!« – ist es ratsam, zunächst einmal kleinere Brötchen zu backen. In diesem speziellen Fall könnten Sie ja einer Theatergruppe an Ihrem Wohnort beitreten oder sich an einer Schauspielschule bewerben. Fortschritte gibt es nur mit der *Taktik der kleinen Schritte*. Der »große Sprung nach vorn« ist unrealistisch: Wir können nur den unmittelbar vor uns liegenden Schritt tun, erst dann sind wir bereit für den nächsten. Wenn Ihr Ziel in sehr weiter Ferne liegt, machen Sie das, was sich im Augenblick anbietet. Stützen Sie sich auf Ihren inneren Aktionsplan, feilen Sie an Ihrem äußeren Aktionsplan, glauben Sie an Ihr Ziel.

Jemand hat einmal gesagt: *Das Leben ist keine Generalprobe.* Nein, es gibt keine Probe, es gibt nur das Leben selbst – *Ihr* Leben, Ihr Geschenk, Ihre einmalige Chance, Ihren Lebensplan zu erfüllen. Wagen Sie den Sprung, nehmen Sie das Risiko auf sich; Sie müssen nichts fürchten außer der Furcht selbst. Folgen Sie Ihrem Leitstern und entdecken Sie Ihre Lebensaufgabe.

Das gewonnene Selbstwertgefühl bewahren

»Jetzt habe ich etwas für dich, was du glauben kannst. Ich bin geradeheraus einhundertundeins, fünf Monate und einen Tag.«
»Das kann ich aber nicht glauben!«, sagte Alice.
»Oh, du kannst das nicht?«, fragte die Königin in mitleidigem Ton. »Versuch es noch einmal: Atme tief ein und schließe deine Augen.«
Alice lachte. »Es hat keinen Zweck«, sagte sie. »An unmögliche Dinge kann man einfach nicht glauben.«
»Du hast bloß nicht sehr viel Übung darin«, entgegnete die Königin. »Als ich in deinem Alter war, habe ich das täglich eine halbe Stunde lang praktiziert. Ja, manchmal glaubte ich nicht weniger als sechs unmögliche Dinge, und das noch vor dem Frühstück.«

Lewis Carroll, *Alice hinter den Spiegeln*

Ihr Selbstbewußtsein beruht auf dem Glauben an die eigene Person, und in diesem Buch haben wir fortwährend Techniken entwickelt, die den Glauben an uns selbst stärken sollen. Es muß Ihnen manchmal so vorgekommen sein, als hätte ich Sie aufgefordert, an »unmögliche« Dinge zu glauben. Wenn es uns sehr schlecht geht, vergessen wir leicht, daß wir etwas Besonderes, daß wir wertvoll und liebenswert sind. Und doch, es stimmt: *Sie sind immer ein besonderer, wertvoller und liebenswerter Mensch.* Gerade in den Zeiten, in denen wir so richtig vom Leben gebeutelt werden, müssen wir besonders fest an uns selbst glauben. Der Glaube ist ein mächtiger Zauber.

In diesem Buch sind Ihnen viele verschiedene Methoden vorgeschlagen worden, damit Sie Ihre Selbstachtung und Ihr Selbstbewußtsein in sämtlichen Lebensbereichen steigern können. Alle diese Techniken beruhen auf einer simplen Botschaft:

Lerne dich selbst zu lieben.

Wenn Ihnen das manchmal als »unmögliche« Aufgabe erscheint, dann *üben* Sie. Lernen Sie zu glauben, daß Sie wundervoll, erstaunlich, wertvoll, bedeutend sind – denn es ist wahr.

Entwerfen Sie Ihre eigene Liste mit positiven Merksätzen über sich selbst. Formulieren Sie diese Merksätze in der Gegenwartsform und stets positiv. Sagen Sie sich diese Sätze *die ganze Zeit* vor. Und – nehmen Sie sofort die Liste zur Hand, wenn Sie merken, daß Ihr Selbstbewußtsein abnimmt. Sie können sich ruhig der folgenden Beispiele bedienen und Ihre eigenen hinzufügen.

Ich liebe und schätze mich selbst.
Ich bin ein wunderbarer und kreativer Mensch.
Ich verdiene die besten Dinge des Lebens.

Beispiele

Meine Liste positiver Merksätze:

Merksätze

1 _____

2 _____

3 _____

4 _____

5 _____

6 _____

7 _____

8 _____

9 _____

10 _____

11 _____

12 _____

13 _____

14 _____

15 _____

Sollte es Ihnen einmal schlecht gehen, können Sie auf diese Liste zurückgreifen. Sagen Sie sich diese Merksätze vor, sie werden Sie aufbauen und Ihnen allmählich wieder ein Gefühl für den eigenen Wert geben.

Wartungsarbeiten

Sie haben dieses Buch nun durchgearbeitet und die Techniken eingeübt, aber darüber hinaus müssen Sie sich auch noch um die *Wartungsarbeiten* kümmern. Sie werden *unentwegt* an Ihrer Selbstachtung arbeiten müssen, denn sie spiegelt Ihre Beziehung zu sich selbst wider, und diese Beziehung verändert und entwickelt sich ständig. Jede Methode, mit deren Hilfe Sie Ihre Selbstachtung und somit Ihr Selbstbewußtsein stärken oder untermauern, basiert auf der Vorstellung vom »Gut-zu-sich-selbst-Sein«. Sobald wir gut zu uns selbst sind, befestigen wir das Fundament unseres Selbstbewußtseins. Wenn wir uns deprimiert, wertlos, nicht liebenswert, zurückgewiesen, kritisch und allgemein elend fühlen, dann besteht der erste Schritt zur Besserung immer in unserem Entschluß, gut zu uns selbst zu sein.

Abbildung 10 zeigt eine ganze Reihe von Techniken des Gut-zu-sich-selbst-Seins, die wir in diesem Arbeitsbuch schon alle kennengelernt haben. Wann immer Sie neue Lebensenergie brauchen und Sie sich von Ihren Ängsten und Zweifeln heilen wollen, wählen Sie etwas aus diesem Angebot. Suchen Sie sich die Techniken heraus, die Ihnen am meisten Freude machen. Denn Freude ist ein weiterer Schlüssel zu Selbstbewußtsein.

Abbildung 10
Selbst-Heilung

SELBST-HEILUNG

Begegnung mit dem Kind in Ihnen

Hören Sie auf Ihre Intuition

Räumen Sie sich Ich-Zeiten ein

Verzeihen Sie sich selbst

Formulieren Sie positive Merksätze

Werden Sie sich des Inneren Kritikers bewußt

Erkennen Sie Ihre Einzigartigkeit

3 Schritte zur seelisch-spirituellen Erfahrung

Übungen zur Selbstsicherheit

Drücken Sie Ihre Gefühle aus

Der Sinn für die guten Dinge

Wenn es Ihnen schlecht geht, suchen Sie sich etwas, was Sie gut finden, so klein es auch sein mag. Sie mögen noch so niedergeschlagen sein – es wird immer etwas geben, was Ihnen Freude macht. Finden Sie es! Wenn alles »zappenduster« scheint und Ihrem Leben alle Würze fehlt, stellen Sie eine Liste der guten Dinge zusammen. Sie müssen sich vielleicht den Kopf zerbrechen, um welche zu finden, aber ich verspreche Ihnen, es lohnt sich. Der Sinn für die guten Dinge des Lebens ist der Nährboden für Ihre Selbstachtung.

Meine Liste guter Dinge

▣ Tabelle

Ich, _____ (Name), finde folgendes gut: _____

Ich, _____ (Name), finde folgendes gut: _____

Ich, _____ (Name), finde folgendes gut: _____

Ich, _____ (Name), finde folgendes gut: _____

Ich, _____ (Name), finde folgendes gut: _____

Überprüfen Sie den Stand Ihrer Selbstachtung

▣ Gefühlsskala

_____ Tiefststand der Selbstachtung

1 deprimiert, am Boden zerstört

2 unglücklich oder traurig

3 unzufrieden, unausgefüllt

4 mal gut, mal schlecht

5 ziemlich zufrieden

6 vergnügt, zuversichtlich, sehr zufrieden

7 selig, begeistert, sehr glücklich

_____ Höchststand der Selbstachtung

Diese Skala von 1 bis 7 stellt das Gefühlsspektrum vom Tiefststand Ihrer Selbstachtung bis zu deren Höchststand dar. Überprüfen Sie den Stand Ihrer Selbstachtung in allen Lebensbereichen, indem Sie die Tabelle »Fortschritte in der Selbstachtung« auf Seite 147 anhand der Gefühlsskala ausfüllen. Malen Sie je nach Ihrer Einschätzung in die betreffende Spalte einen Punkt und verbinden Sie die Punkte zu einer durchgehenden Linie. Nehmen Sie dazu einen Buntstift und tragen Sie im Farbschlüssel unten das Datum Ihrer Aufzeichnung ein. Wenn Sie Ihre Selbstachtungswerte zu einem späteren Zeitpunkt erneut beurteilen, verwenden Sie bitte dazu eine andere Farbe. Auf diese Weise können Sie sofort erkennen, welche Fortschritte Sie gemacht haben.

Farbschlüssel

Datum	Farbe

Wenn Sie mit der Tabelle einige Male gearbeitet haben, werden Sie einen aufschlußreichen Überblick über die Höhen und Tiefen gewinnen, die Sie zu verschiedenen Zeiten in verschiedenen Lebensbereichen erleben. Sie werden erkennen, wo Sie noch an sich feilen müssen. Steigen Sie dann einfach wieder ins *Aktiv-Programm* ein und suchen Sie sich die Techniken aus, mit denen Sie Ihre Selbstachtung in diesen speziellen Bereichen heben können. So gestalten Sie schließlich Ihren ganz persönlichen Aktionsplan.

Wenn Sie lernen, Ihre Selbstachtung und Ihr Selbstbewußtsein zu steigern, tun Sie auch den Mitmenschen etwas Gutes. Ihre eigene Lebensqualität wirkt sich auf Ihre Umwelt aus – machen Sie sich also an die Arbeit. Sie sind ein wichtiger Bestandteil dieses Universums, und Sie verdienen Wohlergehen und Glück.

Daß diese »Selbst-Arbeit« nicht unbedingt ein Zuckerschlecken ist, darüber sollten Sie sich im klaren sein. Manchmal wird es Ihnen schier unmöglich scheinen, an sich selbst zu glauben. Zweifeln Sie jedoch nie daran, daß Sie in Ihrer Suche nach Selbstachtung vorankommen! Und machen Sie sich bewußt, daß all die Liebe und Hilfe, die Sie brauchen, immer mit Ihnen sein wird.

Fortschritte in der Selbstachtung

🔲 Tabelle

	1	2	3	4	5	6	7
Partnerschaft, Ehe							
Freundschaften							
Familiäre Beziehungen							
Schöpferische Aktivitäten							
Arbeit, Beruf, Hauptbeschäftigung							
Allgemeine Gesundheit							
Fitneß, sportliche Aktivitäten							
Finanzielle Situation							
Seelische Entwicklung							
Hoffnungen, Träume, Phantasie							
Grad der Selbstsicherheit							
Widerstand gegen die Opferrolle							
Freiheit, Gefühle auszudrücken							
Ambitionen, Ziele, Resultate							
Vertrauen auf die eigene Intuition							
Ausgewogene Zeiteinteilung							
Grad der Selbsterkenntnis							
Zahl der Ich-Zeiten							
Qualität der Ich-Zeit							
Fähigkeit, zu vergeben							
Genuß sinnlicher Freuden							
Fähigkeit, Spaß zu haben							
Erfolg, Anerkennung							

Alle Merksätze auf einen Blick

Sie sind ein wunderbarer, kreativer und bewußt lebender Mensch. Ihre Eigenschaften sind einmalig, und Sie verdienen das Beste, was das Leben zu bieten hat.

Sie sind ein erstaunlicher Mensch mit unerschöpflichen Möglichkeiten, und Sie haben eine hohe Selbstachtung verdient.

Verzeihen vergrößert die Selbstachtung. Nichtverzeihen vermindert die Selbstachtung.

Ich vertraue auf meine Intuition.

Ich vertraue mir und respektiere mich selbst – ich verdiene es, meine inneren Bedürfnisse zu befriedigen.

Sie sind ein wunderbarer, fürsorglicher und liebevoller Mensch, und Sie haben Beziehungen verdient, die Sie tragen und Ihnen guttun.

Je mehr ich gebe, desto mehr bekomme ich zurück.

Das Leben ist ein Fest.

Ich kann meine Wirklichkeit verändern.

Ich verdiene die besten Dinge im Leben.

Wir sind da, um füreinander zu sorgen.

Meine Überzeugungen formen mein Leben.

Wir können unseren Planeten heilen.

Individueller Wandel führt zu globalem Wandel.

Es ist immer genug für alle da.

Wir sind alle miteinander verbunden.

Die Natur hat Vorräte in Hülle und Fülle.

Wir haben die Vorstellung des Mangels geschaffen.

Wir sind da, um zu lernen und zu wachsen.

Angst ist destruktiv.

Liebe und Respekt sind unerschöpfliche Güter.

Meine hohe Selbstachtung wirkt sich positiv auf das Leben anderer aus.

Allseitige Selbstachtung kann globalen Wohlstand erzeugen.

Der Reichtum des Universums ist für mich da.

Ich verdiene es, vollkommen gesund zu sein.

Ich bin bereit, meine Lebensaufgabe zu entdecken.

Stichwortverzeichnis

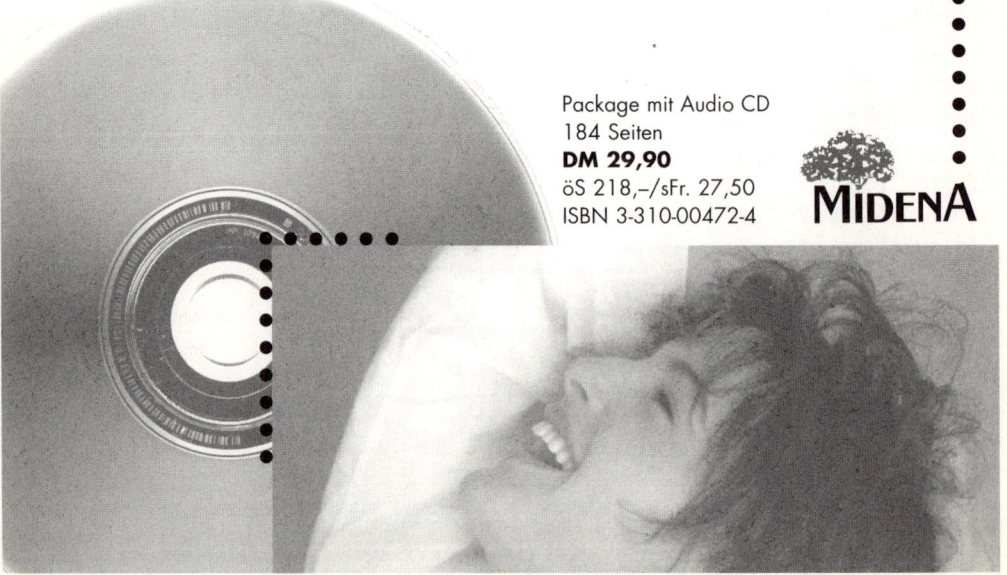